U0935718

经治
财法

中证中小投资者服务中心

CHINA SECURITIES
INVESTOR SERVICES CENTER

投资者

INVESTOR

第15辑

（2021年8月）

郭文英　主编

法律出版社
LAW PRESS · CHINA

北京

图书在版编目(CIP)数据

投资者. 第15辑 / 郭文英主编. -- 北京 : 法律出版社, 2021
ISBN 978-7-5197-6098-4

Ⅰ. ①投… Ⅱ. ①郭… Ⅲ. ①投资-研究-中国 ②投资-金融法-研究-中国 Ⅳ. ①F832.48 ②D922.280.4

中国版本图书馆CIP数据核字(2021)第214274号

投资者(第15辑)
TOUZIZHE (DI-15 JI)

郭文英 主编

策划编辑 陈 妮
责任编辑 陈 妮 黄 筝
装帧设计 李 瞻

出版发行 法律出版社
编辑统筹 法治与经济出版分社
责任校对 晁明慧 王 皓
责任印制 吕亚莉
经　　销 新华书店

开本 787毫米×1092毫米 1/16
印张 12 **字数** 220千
版本 2021年8月第1版
印次 2021年8月第1次印刷
印刷 固安华明印业有限公司

地址:北京市丰台区莲花池西里7号(100073)
网址:www.lawpress.com.cn
投稿邮箱:info@lawpress.com.cn
举报盗版邮箱:jbwq@lawpress.com.cn
销售电话:010-83938349
客服电话:010-83938350
咨询电话:010-63939796

书号:ISBN 978-7-5197-6098-4
定价:68.00元
凡购买本社图书,如有印装错误,我社负责退换。电话:010-83938349

投资者
INVESTOR

卷首语

上市公司是资本市场的基石，提高上市公司质量是保护投资者合法权益的根本手段，是推动经济高质量发展的重要动力。2021 年 9 月，投服中心、上市公司协会及基金业协会作为轮值主办单位，联合证券业协会、期货业协会共同举办第四届中小投资者服务论坛（以下简称投服论坛）。同期，中心开展了第四届投服论坛征文工作，围绕“提高上市公司质量，保障投资者合法权益”的论坛主题向社会各界征稿，并评选确定获奖作品。本辑共分为 4 个栏目，收录 13 篇文章，其中包含 7 篇获奖征文和 6 篇优秀投稿作品。

【政策解读】收录 2 篇文章

朱力、王睿的《退市股交易制度现状及问题的实证分析　以中小投资者保护为视角》一文以分析退市股交易制度在中小投资者保护中发挥的作用为论述路径，对现有退市后股票交易情况进行较全面、系统的梳理，归纳和分析在上市公司强制退市后股票交易制度存在的退市整理期制度缺陷、退市公司信息披露违法违规、退市股票长期停牌等严重侵害中小股东权益的问题，并据此为退市股交易制度的完善提供了更明确的思路和方向。

唐林垚、肖权东的《〈欧盟收购指令〉规则审视》一文认为，中国敌意收购规制实践，可以吸取欧盟立法的经验和教训，填补《上市公司收购管理办法》第 33 条董事会中立规则的缺陷，完善强制要约收购及豁免规则，并制定符合我国上市公司股权分布现状的挤出卖空规则，以兼顾收购人控股效率与中小股东保护的双重追求。

【理论探究】收录 3 篇文章

陆瑶、吴弘的《证券服务机构虚假陈述赔偿责任的实证分析与要件回归》一文认为，证券服务机构虚假陈述的赔偿责任面临现行立法形态各异、司法实践趋严适用等问题。该文对判决的推演过程予以实证分析,提出构建可资检验的论证准则,以免于主观的恣意。此类虚假陈述属于无意思联络的数人侵权,风险责任的分配应当与最终责任的承担相适应。在各种责任形态中,部分连带责任最合理,立法变迁与司法实践亦对此有所回应。责任边际的划分标准依赖各责任要件的具体判定。要件化进路有助于提升社会总效益和保护中小投资者的双重目标达成。

沈伟、沈平生的《注册制视阈下我国"看门人"职责的厘清与配置》一文拟在澄清证券中介机构、勤勉尽责、注意义务等基本概念的基础上,以保荐机构、会计师事务所、律师事务所为主要对象,通过介绍境外经验,对如何优化证券中介机构"看门人职责"提出相应的设想和建议。通过合理匹配权利、义务与责任,让证券中介机构"归位尽责",实现投资者"买者尽责、风险自负"的美好愿景。

张梦霞的《夫妻共有股权行使的法律冲突及其协调路径》一文认为,商法规范与婚姻法规范既有交集也有差异,在法律的适用上存在调和可能。从两法的融合协调角度出发,以股权夫妻共有为逻辑起点,以股权公示规则改进为协调核心,区分行使管理性权利与处分性权利,完善公示方擅自处分规则,并在特殊情形下优先适用《公司法》等商法规范,是完善夫妻共有股份行使制度的可行思路。

【市场实务】收录5篇文章

刘磊、任雪雪的《特别代表人诉讼通知制度实施中的问题》一文认为,特别代表人诉讼制度建立以来,在通知方式的适用上一直存在分歧。经梳理美国、澳大利亚、韩国等域外立法及实践,存在网上公告、邮寄、张贴通知等多种方式,并非单一的一一通知到人,在通知方式的选择上,应立足于我国国情及立法传统。结合首单特别代表人诉讼、普通代表人诉讼和先行赔付等诸多实践,从客观基础、各方当事人负担、立法对投资者诉权保护的现状和康美药业案的社会效果等方方面面考虑,应当认为公告通知符合现阶段实际需要。

湖南证监局调研组的《合理区分主体责任,精准打击信披违法——决不让投资者为造假买单》一文从稽查执法区分大股东、实际控制人与上市公司信息披露责任的必要性、法理依据入手,对具体区分标准进行理论分析,并结合案件查办"三个区分"指导原则,针对探索区分责任主体实施差异化处理,实现监管执法的精准打击,提出相关建议。

秦政、胡波的《证券虚假陈述民事赔偿中的连带责任——以中介机构责任为视角》一文认为,中介机构证券虚假陈述民事责任应从其主观过错形态和对损害后果的原因力两方面予以考量。对于违反特别注意义务,且对全部损失具有因果关系的,应承担一般连带责任;若其对部分损失具有因果关系,则按比例承担部分连带责任。对于违反普通注意义务,且对全部损失具有因果关系的,应在全部损失范围内承担补充责任;若其对部分损失具有因果关系,则就该部分承担补充责任。

刘旭的《我国国有上市公司内部治理结构研究》一文通过分析我国国有企业内部治理结构的历史发展,实证考察国有上市公司内部治理结构,分析存在的问题,并梳理发达国家的发展模式,得出优化我国国有上市公司内部治理结构的方法,探寻新时期我国国有上市公司高质量发展的新路径。

马志健的《科创板招股说明书中存在的问题及改进建议》一文认为,目前招股说明书中仍存在科创属性不典型、核心技术不充分、内部控制不健全、关联交易不完整、公开信息偏差大、风险因素不准确、目录链接形同虚设、重大事项提示不简洁、详略分布不科学、行文风格不友好、文字表述不清晰等问题,未来可将辅导文书写作、完善奖惩措施、倡导简明风格、重视量化分析及允许适当宣传等作为完善路径,以期提高招股说明书质量。

【投教园地】收录3篇文章

盛峰英、张飘飘、万菁的《〈证券法〉视角下提升投资者教育服务质效的工作思考——基于上海辖区投资者学习了解〈证券法〉情况调查》一文通过对上海证监局辖区投资者学习了解新修订的《证券法》情况开展的调查问卷活动结果进行分析,提出了加强投资者教育精准度和有效性,强化对投保机构和投保制度的重点宣传,发挥证券调解纠纷化解优势的工作建议。

马鸣的《〈证券法〉下证券公司投资者适当性管理常见问题与对策建议》一文通过对多家证券公司总部及分支机构投资者适当性管理的深入调研,梳理证券公司投资者适当性管理现状,发现适当性管理过程中存在的问题和困难,结合域外适当性管理实践和我国实际提出意见建议,旨在进一步提升行业投资者适当性管理的能力,进一步加强全行业投资者保护工作水平。

刘丹岳的《创新投教基地形式,打造新媒体共享平台——芒果新媒体投教基地发展思路》一文着眼于芒果新媒体创新发展思路,基于芒果新媒体投教基地“年轻+女性”的定位,分析了其自成立以来的发展现状,从媒体优势、流量优势、组织实施优势、专业优势等方面探讨了芒果新媒体投教基地的运营优势,提出了求变求新、千人千面、全民投教、金融联动的发展展望,以期为未来投教基地转型升级提供发展思路。

目　录

CONTENTS

I 政策解读

INVESTOR

退市股交易制度现状及问题的实证分析

——以中小投资者保护为视角*

朱　力**　王　睿***

摘　要:2020 年年底沪深交易所退市新规正式发布,上市公司强制退市的常态化、多元化趋势日显。而上市公司被终止上市后,仍持有公司股票的股东交易通道不畅,且监管不力使其权益更易遭受侵害。故本文以分析退市股交易制度在中小投资者保护中发挥的作用为论述路径,对现有退市后股票交易情况进行较全面、系统的梳理,归纳和分析在上市公司强制退市后股票交易制度存在的退市整理期制度缺陷、退市公司信息披露违法违规、退市股票长期停牌等严重侵害中小股东权益的问题,并据此为退市股交易制度的完善提供更明确的思路和方向。

关键词:强制退市　投资者保护　退市整理期　信息披露

一、引　　言

2019 年以来已有 26 家上市公司被强制退市,是之前 6 年强制退市数量总和的 2 倍多,不断创下历史新高。同时,A 股上市公司退市类型也逐渐呈现多元化的特征,"欺诈退""破面退""业绩退""主动退""重组退"等均有出现。随着 2020 年 12 月 31 日沪深交易所退市新规正式落地,我国资本市场未来的趋势必将向上市公司退市的市场化与常态化迈进。这势必给中小投资者保护制度带来巨大的挑战。结合以往案例以及相关制度演变过程来看,我国对资本市场中小投资者的保护仍存在不足。本

---

* 本文仅代表作者个人观点,与所任职单位无关。

** 上海交通大学法律(法学)硕士,现供职于深圳证券交易所巡回审理协作部。

*** 上海交通大学法律(法学)硕士,现供职于北京市金杜律师事务所上海分所。

文从中小投资者保护制度方面,对已有退市实例和退市制度进行梳理,分析上市公司强制退市给中小投资者带来的负面影响以及中小投资者保护现状。

在现有的制度安排下,上市公司被终止上市后将首先进入退市整理期,结束退市整理期后,该公司股票将转入全国中小企业股份转让系统进行交易。制度设计的初衷是让持有退市公司股票的投资者在公司退市后仍有交易的机会,是针对中小投资者的一种权益保护机制。然而无论是退市整理期制度还是股转交易系统,在制度实施过程中却并未起到预设的效果。

二、退市整理期的实践情况和问题

深圳证券交易所于2012年6月28日发布了《关于改进和完善深圳证券交易所主板、中小企业板上市公司退市制度的方案》,首次规定了退市整理期制度。① 在2018年7月27日,中国证监会发布的《关于改革完善并严格实施上市公司退市制度的若干意见》再次强调了对强制退市公司设置退市整理期的规定,并明确了进入退市整理期交易的公司不可同时推进公司的并购重组事项。退市整理期制度的设计初衷是为持有退市公司股票的投资者提供一个退出机制,起到保护退市公司投资者的作用,然而制度在实际实施过程中并未真正能让投资者规避风险,反而投资者因公司股票在退市整理期的连续跌停遭受损失。②

就退市整理期制度给予部分中小股东退出机制的目的来说,其与证券市场的场外股转系统的制度目的有所重合。该制度实际意义有限的原因在于,进入退市整理期的股票已经被证券交易所下了“死刑判决”,很难逆转回到主板市场,即便投资者有30个交易日可以转让股票,但巨大的投资风险恐难以吸引新的投资者进入接盘,因此,现实中大多数被终止上市的企业进入退市整理期后,都是以跌停板的方式下跌,对于投资者来说,非但没起到保护的作用,反而遭受更大的损失,自退市整理期实施至2019年年底,在被强制退市的15家企业中,有13家上市公司被终止上市后进入退市整理期,其股票无一例外地未逃脱暴跌的命运(见表1)。

① 深圳证券交易所于2012年6月28日发布的《关于改进和完善深圳证券交易所主板、中小企业板上市公司退市制度的方案》中规定,在交易所对公司股票作出终止上市决定后,投资者可在“退市整理板”进行为期30个交易日的交易,交易期满后,公司股票将终止上市。该制度旨在给予投资者在公司退市前一定的交易机会。

② 参见皮海洲:《退市整理板不是“保护板”》,载《上海企业》2013年第2期。

表 1　进入退市整理期公司股票价格涨跌情况

序号	公司	退市时间	进入退市整理期（元/股）	结束退市整理期（元/股）	跌幅(%)
1	退市长油(600087)	2014 年 6 月 5 日	1.47	0.83	43.53
2	国恒退(000594)	2015 年 7 月 13 日	1.68	1.29	23.21
3	武锅 B(200770)	2015 年 7 月 13 日	3.86 美元/股	2.05 美元/股	46.89
4	退市博元(600656)	2016 年 5 月 13 日	5.9	4.49	23.9
5	新都退(000033)	2017 年 7 月 7 日	7.16	1.7	76.26
6	欣泰退(300372)	2017 年 8 月 28 日	2.73	1.48	45.79
7	退市吉恩(600432)	2018 年 7 月 13 日	6.07	1.47	75.78
8	退市昆机(600806)	2018 年 7 月 13 日	5.8	1.47	74.66
9	烯碳退(000511)	2018 年 7 月 18 日	4.74	0.61	87.13
10	中弘退(000979)	2018 年 12 月 28 日	0.67	0.22	67.16
11	华泽退(000693)	2019 年 7 月 9 日	2.98	0.37	87.58
12	众和退(002070)	2019 年 7 月 9 日	3.53	0.71	79.87
13	退市海润(600401)	2019 年 7 月 12 日	0.78	0.15	80.77

如表 1 所示，13 家被终止上市的公司进入退市整理期后，有 8 家股票跌幅超过 50%，其中华泽退(000693)股票跌幅高达 87.58%，另外 5 家公司股票跌幅均超过 20%，被终止上市的公司股票在退市整理期内的表现难以和保护中小投资者这一制度的设计初衷联系起来，结合制度本身和实施效果来看，退市整理期制度至少存在以下两个问题。

(一)退市整理期并非针对投资者群体的保护

从投资者整体上来看，现有制度并未规定退市公司及相关责任方股份回购的义务，既然如此，在退市整理期间，退市公司的股票只是在投资者中间流转，已售出股票的投资者一定程度上可以避免股价再次暴跌遭受的亏损，而买入股票的投资者在某种意义上只是承接了其他投资者的亏损，退市整理期只是对部分投资者的保护，而非对投资者整体的保护。此外，“量大优先”的交易显然对机构投资者更为有利，中小投资者并不占优。[①] 退市整理期的股票亦存在巨大的投资风险性，从某种程度上说，这种投资风险的出现是“必然的”，同时也是中小投资者难以承受的。退市整理期制度

① 参见民生证券证券市场退市制度课题组、周晓萍：《我国证券市场退市制度的潜在问题与完善路径研究》，载《金融监管研究》2018 年第 4 期。

的根本矛盾在于,监管层希望借此制度给予投资者一定的交易机会,帮助投资者及时退出,避免遭受重大亏损的风险。[①] 然而退市整理板作为一个平衡市场,原有投资者的退市是需要以新的投资者进入为前提的。但面对连续不断的风险提示,退市整理板俨然成为价值大大缩水的折价交易板,失去了保护投资者的意义。按照监管层理想状态,倘若所有投资者都希望借此变现,便会出现无人接盘的窘境。在退市制度不断完善的当下,以往存在的退市公司通过重组恢复上市,股价暴涨的现象很难出现,尤其沪深交易所于 2018 年在各自的重大违法强制退市实施办法中均规定了因欺诈发行被强制退市的公司不得申请重新上市的规定。可见,在新的制度背景下,投资者想通过买入退市整理期的股票,实现"翻盘"的概率将大大降低,这更加弱化了退市整理期制度存在的意义。

从另一角度看,让处于信息知晓劣势的投资者在退市整理期作出投资判断和选择,实际上是在为真正需要承担责任的相关主体降低责任义务。这种责任的减轻在因重大违法而被强制退市的上市公司中显得尤为突出。与因亏损而被强制退市的上市公司不同,因重大违法,尤其是因欺诈上市被强制的公司而言,后者并未遵循资本市场规则,严重违反了资本市场诚实信用这一基本原则,对投资者以及整个资本市场的环境都产生了强烈的负面影响,而退市整理期制度减少了赔付对象。[②]

(二)退市整理期剥夺了被终止上市公司重大重组的权力

根据沪深交易所退市整理期业务实施细则的规定,上市公司处于退市整理期时,不再给予筹划或实施重大资产重组的机会。若上市公司股票被暂停上市或存在其他被强制退市情形,重大资产重组已经董事会审议并公告的,公司是否进入退市整理期应由股东大会决定。可见,进入退市整理期和重大资产重组并不能同时推进,这对于上市公司退市后的发展显然不利。正因如此,2013 年退市 * ST 创智(000787)和 * ST 炎黄(000805)均未选择进入退市整理期,避免了进入退市整理期股价出现大幅波动的风险。

三、强制退市后股票交易系统不完善

上市公司退市后,仍持有公司股票的股东无法在场内市场交易股票,其可通过场

---

① 深圳证券交易所:《投资者如何理解"退市整理期"》,载中国证券监督管理委员会官网,http://www.csrc.gov.cn/fujian/xxfw/tzzsyd/201304/t20130402_223027.htm。

② 参见肖岳:《退市制度再改革》,载《法人》2018 年第 4 期。

外市场进行股份转让。中国证监会于2001年7月开办了代办股份转让业务，用于解决从主板退市的公司和原NET和STAQ系统的非上市公司(以下简称两网公司)的股份转让问题。而随着场外市场的不断发展，非上市公众公司的股份转让市场发展出现了严重的不平衡，为了统一非上市公众公司股份交易，国家先于2012年9月28日出台了《非上市公众公司监督管理办法》，该办法给予了非上市公司股份公开转让合法身份，随后于2013年1月16日正式挂牌了“全国中小企业股份转让系统”(以下简称股转系统)，退市公司的中小股东也将通过该系统进行股份转让交易。

故上市公司被强制退市后将进入全国中小企业股份转让系统中的两网及退市公司板块(以下简称老三板)进行交易。但长期以来，老三板因股票交易量低，活跃度不够等问题饱受诟病。当然，其中一部分原因是退市公司自身“退市”标签对公司价值产生的负面影响，难以激发市场的投资积极性。但是，除这一难以摘去的标签外，投资者交易机会的损失更多来自退市公司的长期停牌。此外，除市场环境对投资者权益所产生的不确定影响外，就其信息披露制度而言，远远未能达到保护退市公司投资者的目的。目前，退市公司进入老三板交易后，信息披露的要求主要规定在全国中小企业股份转让系统有限责任公司(以下简称股转系统公司)于2013年2月8日发布的《全国中小企业股份转让系统两网公司及退市公司信息披露暂行办法》(以下简称《退市披露暂行办法》)中，而上市公司的信息披露要求主要参照中国证监会于2007年1月30日发布的《上市公司信息披露管理办法》(以下简称《上市披露办法》)。相较而言，老三板针对退市公司的信息披露要求不甚严格，由此引发大多数退市公司在老三板挂牌后，未能及时就可能对投资者权益产生重大影响的事项进行及时、准确的信息披露的现象，侵害了广大中小投资者的权益。

(一)信息披露监督出现盲区

《上市披露办法》规定，中国证监会和证券交易所共同行使对上市公司及其他信息披露义务人披露信息行为行使监督权和督促其行使的权力。① 但是《退市披露暂行办法》中并未明确对退市公司信息披露行使监督权的主体，只是规定披露的信息应向主办券商报告并在股转系统公司制定的信息披露平台进行公布。《退市披露暂行办法》规定，股转系统公司对公司及其他信息披露义务人违反披露义务的，对其处以自律监管措施和纪律处分。从字面理解来看，对退市公司信息披露的监督应由股转

① 《上市公司信息披露管理办法》(证监会令第40号)第9条，中国证券监督管理委员会2007年1月30日发布。

系统公司行使。但在2012年12月31日,上海证监局相关责任人在上海宣读的《中国证监会对投资者关注的老三板5个核心诉求的答复》中提到,今后老三板公司将被纳入全国中小企业股份转让系统即新三板,这预示对老三板的监管权由原先的中国证券业协会转移到了中国证监会。由于监督主体的不明确,导致实践中对退市公司和两网公司的监管出现了盲区。在缺乏有效监管的情形下,大量退市公司未能就重要信息进行及时披露。就本文统计的自强制退市施行以来到2019年年底退市的59家公司中,以2018年报、2019年一季报和2019年半年报披露时间为例,共计24家公司不同程度地出现披露不及时,甚至不披露等问题,部分公司也未能就该问题进行风险提示(见表2)。

表2 老三板公司信息披露情况

序号	公司	退市时间	股转系统挂牌日	定期报告情况
1	PT中浩A(000015)	2001年10月22日	2002年10月25日	中浩A1 自披露2018年三季报后,后续未披露其他定期报告,持续风险提示
2	PT中浩B(200015)			中浩B1 自披露2018年半年报后,后续未披露其他定期报告,未风险提示
3	PT南洋(000556)	2002年5月29日	2004年5月28日	2018年年报:2019年8月28日; 2019年一季报:2019年8月28日; 2019年半年报:2019年10月1日 报告延期,持续风险警示
4	ST九州(000653)	2002年9月13日	2004年5月21日	自披露2006年年报后,未能披露后续定期报告,持续风险提示
5	ST五环(000412)	2003年9月19日	2004年5月26日	自披露2005年三季报后,因生产处于停滞状态等原因,未能披露其他定期报告,持续风险提示
6	ST国嘉(600646)	2003年9月22日	2004年3月17日	自披露2016年三季报后,未披露其他定期报告,持续风险提示
7	*ST石化A(000013)	2004年9月20日	2004年11月26日	因经营活动处于停滞状态,最后一次披露完2009年年报后,未披露其他定期报告,持续风险提示
8	*ST石化B(200013)			因经营活动处于停滞状态,最后一次披露完1999年年报后,未披露其他定期报告,持续风险提示

续表

序号	公司	退市时间	股转系统挂牌日	定期报告情况
9	*ST 比特(000621)	2004 年 9 月 27 日	2004 年 12 月 3 日	2019 年半年报:2019 年 8 月 31 日; 因公司经营业务停顿多年且处于破产重整期间,无法披露 2018 年年报及 2019 年一季报,持续风险警示
10	*ST 达曼(600788)	2005 年 3 月 25 日	2005 年 6 月 3 日	2018 年年报:2019 年 5 月 1 日; 因公司进入破产重组程序,工作复杂、烦琐,无法披露 2019 年半年报,有风险提示,但未提及 2019 年一季报的情况
11	*ST 中川(600852)	2005 年 9 月 16 日	2005 年 11 月 23 日	2018 年年报:2019 年 4 月 27 日; 2019 年一季报:未披露,未风险提示; 2019 年半年报:2019 年 8 月 31 日
12	*ST 信联(600899)	2005 年 9 月 21 日	2005 年 11 月 28 日	自披露 2004 年年报后,因公司经营活动处于停滞状态等原因,未能披露后续报告,风险提示至 2013 年半年报
13	*ST 长兴(000827)	2005 年 9 月 21 日	2005 年 11 月 28 日	公司披露 2006 年半年报后由于生产经营处于停滞状态等原因未能披露后续定期报告,持续进行风险提示
14	*ST 猴王(000535)	2005 年 9 月 21 日	2005 年 11 月 28 日	2018 年年报:2019 年 4 月 30 日; 2019 年一季报:2019 年 8 月 29 日(补发,未进行风险提示); 2019 年半年报:2019 年 8 月 29 日
15	*ST 大洋 B(200057)	2005 年 9 月 21 日	2005 年 11 月 28 日	自披露 2005 年半年报后,因经营处于停滞状态等原因,随后所有定期报告均未披露,持续风险提示
16	*ST 哈慈(600752)	2005 年 9 月 22 日	2005 年 11 月 29 日	2018 年年报:2019 年 4 月 30 日; 2019 年一季报:2019 年 4 月 30 日; 2019 年半年报:因财务人员提出辞职,未能按时披露,已风险提示
17	*ST 花雕(600659)	2006 年 3 月 23 日	2006 年 6 月 2 日	2018 年年报:2019 年 6 月 21 日; 2019 年一季报:未披露,未风险提示; 2019 年半年报:2019 年 8 月 29 日
18	S*ST 精密(600092)	2006 年 11 月 30 日	2007 年 2 月 2 日	2018 年年报:2019 年 4 月 26 日; 2019 年一季报:2019 年 4 月 26 日; 截至 2019 年 9 月 27 日,未披露 2019 年半年报,也未进行风险提示

续表

序号	公司	退市时间	股转系统挂牌日	定期报告情况
19	S*ST龙昌(600772)	2006年11月30日	2007年2月9日	因公司生产经营业务长期处于停顿状态,管理人员及财务人员基本离职,自于股转系统挂牌起未披露任何定期报告,持续风险提示
20	S*ST金荔(600762)	2007年11月20日	2008年1月23日	因公司生产经营业务停顿,后期又进行债务清理重组工作等原因,自2007年起,所有报告均未披露,持续风险提示
21	*ST创智(000787)	2013年2月8日	2013年4月22日	2018年年报:2018年6月1日; 2019年一季报:2019年6月1日; 2019年半年报:2019年8月31日 报告延期,持续风险提示
22	*ST炎黄(000805)	2013年3月27日	2013年6月4日	公司自披露2018年一季报以来尚未披露后续定期报告,主板券商未收到公司后续报告,持续风险提示
23	退市博元(600656)	2016年5月13日	2018年4月2日	因年报编制工作未完成,2018年年报、2019年一季报、2019年年报未披露,持续延期披露风险提示
24	新都退(000033)	2017年7月7日	2019年7月26日	由于公司未聘任到审计机构对财务报告进行审计,在披露完2017年三季报后,未披露其他定期报告,持续延期披露风险提示
25	中弘退(000979)	2018年12月28日	挂牌时间未定	2018年年报、2019年一季报、2019年半年报延期披露提示
26	华泽退(000693)	2019年7月9日	预计最晚挂牌时间2019年12月4日	自披露完2018年三季报后,因公司未支付审计费用,相关审计工作未展开,因此未披露2018年年报。后续报告也未披露,且未进行风险提示

上市公司被终止上市后,公司后续任何财务信息、经营发展安排等重大事项都会影响剩余中小投资者的投资决策,退市公司能够及时、准确地进行信息披露是对中小投资者最大的保护。然而在现有制度下,对退市公司信息披露的要求和监管均存在不同程度的疏漏,本身就处于信息劣势的中小投资者更难以及时获知公司重要信息,影响其对投资作出准确判断。

(二)违规信息披露主体承担的责任较轻

《上市披露办法》和《中华人民共和国证券法》(以下简称《证券法》)中对违法违规信息披露的上市公司及相关责任主体规定了行政责任、民事责任以及刑事责任,责任类型相对完整。随着《证券法》新一轮的修订,对信息披露违法违规主体的惩处也将愈加严厉。然而,处于老三板的退市公司信息披露违规,根据《退市披露暂行办法》的规定,股转系统公司可依据《全国中小企业股份转让系统业务规则》(以下简称《中小企业股转规则》)采取相应的自律监管措施和纪律处分。而在《中小企业股转规则》中,所谓的自律监管措施包括,要求相关责任主体对有关问题作出解释说明和披露、要求挂牌公司聘请中介对相关问题进行核查并发表意见、约见谈话、提交书面承诺、出具警示函、责令改正、暂不受理文件、暂停解除公司控股股东和实际控制人的股票限售、限制证券账户交易、向中国证监会报告违法违规行为以及其他自律监管措施。所谓的纪律处分,包括对相关责任人给予通报批评、公开谴责、限制和暂停直至终止从事相关业务,并计入诚信档案。

相比之下,对信息披露违规的老三板退市公司及相关责任人来说,没有罚款,无须承担民事赔偿,更没有承担刑事责任的担忧。信息披露违规成本过低,难以产生惩戒、威慑及警示的作用,这就给重大信息知情人以谋私的机会。例如,退市公司计划申请重新上市时,一般由控股股东或实际控制人主张,他们可以利用信息优势在申请重新上市,以较低价格收购中小投资者持有的股份,而中小投资者因为处于信息知晓的劣势,容易错过因公司重新上市而带来的股票价值增长的利益。①如前文统计,大部分退市公司均存在信息披露不真实、信息披露不及时的情况,然而实践中并未出现对老三板的退市公司给予自律监管措施和纪律处分的案例。

(三)长期停牌

对于上市公司的停牌期限,2018年12月沪深交易所分别发布的《上市公司筹划重大事项停复牌业务指引》有较明确的规定,②但是现行规定对处于股转系统的退市公司的停牌期限却没有明确的规定,仅规定公司出现违反《推荐恢复上市、股票转让协议书》或发生影响股票转让的其他重大事件时,全国股份转让系统公司或推荐公司股票挂牌的主办券商报经全国股份转让系统公司同意后可对退市公司股票暂停转让,直至导致暂停转让的原因消除后恢复转让。③对停牌期限缺乏限制,导致实践中大多数退市公司股票长期处于停牌状态,仍持有退市公司股票的中小股东长期无法

① 参见周超:《公司退市中的中小股东权益保护》,华东政法大学2015年硕士学位论文,第33~34页。

② 上海证券交易所2018年12月28日发布的《上海证券交易所上市公司筹划重大事项停复牌业务指引》规定上市公司停牌原则上不超过10个交易日,特殊情况下可延长至25个交易日。

③ 参见2019年9月11日实施的《全国中小企业股份转让系统两网公司及退市公司股票转让暂行办法》。

交易,截至2019年年底已退市的58家公司,[①]未考虑历史上已出现的停牌情况,仅目前仍处于停牌阶段的公司就有26家,接近一半的退市公司因筹划重大事项、进入重组程序或准备重新上市申请等原因长期处于停牌状态(见表3)。

表3 老三板公司停牌时间

停牌半年至1年	停牌1年至2年	停牌2年至3年	停牌3年至4年	停牌4年以上
2家	5家	4家	9家	6家

2004年9月退市的*ST斯达在2014年11月5日因筹划重大事项停牌至今。根据退市公司公告的信息,大多宣称因保护中小股东而作出停牌的决定,然而如此漫长的停牌,中小股东无法卖出股票,不能解套获利,资金不断损失机会成本。加之停牌期间信息披露不充分,停牌期间,公司基本面恶化以及市场环境的变化极易造成公司复牌后股价出现暴跌的情况,给剩余中小投资者造成更大的损失。

综上所述,我国退市股票退出渠道不畅的问题主要体现在现有的退市整理期制度加剧了退市股股价下跌,在没有新的投资者接盘的情况下,公司剩余股东将承担更大的投资损失。此外,即便有新的投资者进入,该制度也无法起到有效止损的效果,损失只是在不同投资者之间转移。股票退出渠道不畅的第二大问题是退市后股票交易系统存在缺陷:一方面,退市公司长期停牌,剩余股东无法交易;另一方面,退市股交易平台缺乏有效监管,信息违法违规问题严重,严重侵害了剩余股东的权益。

四、退市股票交易制度的反思

强制退市情形下中小投资者的保护,应充分关注仍持有退市公司股票的中小股东的交易保障问题。当下亟须解决的问题主要可以归纳为两方面:一是退市整理期制度的去留;二是规范老三板相关制度。

(一)建议取消退市整理期制度

退市整理期制度的设计初衷是提供给中小投资者在上市公司退市后退出交易的机会,起到及时止损的作用。但是,在实施过程中这一制度不仅极大地偏离了投资者保护的目标,且为中小投资者带来了更大的风险。原退市整理期制度有30个交易

① 本文统计的截至2019年年底已退市公司有59家,但2007年退市的*ST云大(600181)为进行股份转让代办活动,而与太平洋证券进行股权置换。

日,但从前文统计数据来看,进入退市整理期的上市公司股价均呈直线下跌,无一幸免。显然,在公司已病入膏肓、被宣告"死亡"的情况下,有多少投资者还能报以信心以及买入的勇气是个疑问,退市整理期事实上是在制造新的风险。2020 年年底沪深交易所也已将退市整理期的交易日缩减至 15 个交易日,[①]但从制度根源上而言,其和老三板交易在设计目的和作用上仍是高度重合。因此,在规定上进一步取消退市整理期,规范老三板相关制度才是未来制度发展的思路。

(二)规范老三板相关制度

在结束退市整理期的交易后,退市公司会进入老三板进行交易,老三板交易萎靡一直饱受市场诟病。通过前文分析,交易萎靡除受到公司退市这一负面因素影响外,退市公司长期停牌这一"人为因素"更是加剧了市场萎靡的问题。因此,未来应对退市公司停牌时间作出明确的限制,避免因长期停牌给中小投资者带来的重大不确定性。此外,应强化退市公司的信息披露义务。长期以来,监管重点始终停留在对上市公司相关行为的监管层面,对于退市公司在老三板的交易监管问题并未太多关注和重视。由此导致退市公司就相关信息不能及时、准确地进行披露,影响中小投资者的投资决策,制造了正常风险以外的投资风险。因此,需要明确退市公司信息披露的监管主体,并且加强对信息披露违法、违规问题的监管力度。

五、结　　语

随着我国退市制度改革不断深入,退市公司数量明显增多且退市类型日趋多元化,这显然已是退市常态化的前兆。就此背景下中小股东所持余股退出渠道不畅的问题,本文主要总结了以下两个方面的问题:一是退市整理期制度加剧了退市股股价下跌,在没有新进投资者接盘的情况下,公司剩余中小股东将承担更大损失。即便有新的投资者进入,该制度也无法起到有效止损的效果,损失只是在不同投资者之间转移。二是退市后股票交易系统存在缺陷,一方面,退市公司长期停牌,剩余股东无法交易;另一方面,退市股交易平台缺乏有效监管,信息违法违规问题突出,严重侵害了剩余股东的权益。

长期以来,我国历次的退市制度改革都未能从根本上解决中小投资者保护制度

① 《深圳证券交易所股票上市规则(2020 年修订)》第 14.7.2 条,深圳证券交易所 2020 年 12 月 31 日发布。

方面的不足,而投资者保护制度的不足又在很大程度上阻碍了强制退市制度改革的深入推进。因此,设计合理的退市股票交易制度,不仅须进一步探索完善乃至逐步取消退市整理期制度,更要通过细化退市公司停牌制度以及强化退市公司信息披露义务等规范老三板的交易活动。退市制度改革的成效在很大程度上将依托于完善、有效的中小股东保护制度,只有先完善投资者保护制度,退市常态化才有最终实现的可能。

《欧盟收购指令》规则审视[*]

唐林垚[**]　肖权东[***]

摘　要：看似完善的《欧盟收购指令》在自上而下的推行过程中，被欧盟成员国巧妙架空，未能起到预想的规制效果。硬性规则的相互掣肘，让董事会严守中立的规定得以合理规避；而柔性规则的刻意套用，为投机取巧的收购人生杀予夺治理环境优良的目标公司提供了便利。中国敌意收购规制实践，同样面临股东会中心主义虚化的问题，应当吸取欧盟立法的经验和教训，填补《上市公司收购管理办法》第33条董事会中立规则的缺陷，完善强制要约收购及豁免规则，并制定符合我国上市公司股权分布现状的挤出卖空规则，以兼顾收购人控股效率与中小股东保护的双重追求。

关键词：欧盟收购指令　敌意收购　股东会中心主义　规则掣肘　法律移植

随着新《证券法》自2020年3月1日开始施行，《上市公司收购管理办法》也迎来了再次修订。此次修订细化了要约收购豁免行政许可取消后的监管安排、增加了持股5%以上股东的持股变动达到1%时的信息披露要求、明确了超比例增持的股份在一定期限内不得行使表决权并延长了上市公司收购中收购人所持股份的锁定期。

经历了近20年的立法征程，《欧盟收购指令》(Directive 2004/25/EC of the European Parliament and of the Council of 21 April 2004 on Takeover Bids，以下简称《指令》)在2003年得以通过，并在2006年相继转换为欧盟各成员国的收购法律。从转换和执行效果来看，《指令》并没有实现其最初的立法目标，在“统一的欧洲收购法

---

* 本文系中国社会科学院重大国情调研项目“互联网金融风险的法律规制”(项目编号：GQZD2020007)的阶段性成果。

** 中国社会科学院法学研究所助理研究员，法学博士、博士后。

*** 广州商学院法学院教师，广东泽康律师事务所兼职律师。

律”表象下,是各自割裂、表里不一、各取所需的欧盟成员国立法实践——巧借股东会中心主义之名,行董事会中心主义之实。我国目前亦存在敌意收购规制所面临的类似问题:由《上市公司收购管理办法》《公司法》《证券法》和合而成的预防性立法,无法为中国敌意收购争端提供有效制度供给和清晰问题解释,造成字面上股东会中心主义法律法规在实践中的适用倒错,在无形中推高了上市公司的合规成本。

本文从欧盟收购法律的立法初衷、成员国角力和演进历史等多个维度出发,深度解构饱含妥协和迁就意味的《指令》存在的规则掣肘及法律缺陷,反思我国敌意收购法律法规中特定规则以避免类似问题,并针对我国不完善的董事会中立规则、宽松无度的强制要约收购规则及豁免、特立独行的卖空规则提出可行的改善建议。

一、《指令》立法初衷及核心规则

《指令》的制定,建立在这样一个假设上,即收购活动,无论是善意的还是敌意的,都能给公司和投资人带来一系列好处;活跃收购活动就是促进欧盟经济。在立法者看来,收购活动能有力驱动价值创造,促进企业联合及重组,为实现规模经济提供可能;收购有助于改善公司治理环境,提升公司管理水平和经营业绩;收购还能约束管理层,刺激竞争,最终为投资人带来更丰硕的回报。因此,欧盟委员会希望通过一个“统一的欧洲收购法律”,培育利于敌意收购产生和进行的公平竞争环境,贯彻落实中小股东平等保护,最终在欧盟内部建立起繁荣的公司控制权交易市场。[①]

《指令》中的多数条款,是各国《证券法》上常见的标准条款,对要约收购的程序规范和信息披露义务进行细致的规定。除此之外,《指令》由六项核心规则构成。

(一)董事会中立规则

为了促进收购产生,《指令》必须移除欧盟各成员国在公司法框架下允许目标公司董事会为敌意收购设置的各种障碍,尤其是各类事后防御手段。为此,《指令》借鉴《英国城市收购及合并守则》,引入了董事会中立规则:“董事会一旦得知要约收购的存在,除非获得股东大会的明确授权,董事会除了寻找潜在的另外要约收购方以外,不得采取任何有可能挫败收购的行动或发行任何可能为收购人的收购行为制造障碍

---

① 参见汤欣、朱芸阳:《欧盟新公司法指令规范下的反收购措施——以“建立公平竞争市场”原则为中心》,载《清华法律评论》2006年第0期。

的股份。”[①]因此，在获得股东大会的批准前，几乎所有事后防御手段，无论是“毒丸”、股份回购，还是发行新股等，都被视为对董事会中立规则的违反。从字面上来看，《指令》唯一允许董事会在面对收购时不征求股东大会意见就采取的防御措施是寻求白衣骑士参与竞标，但董事会不能通过发行新股或可转换债券的方式助其一臂之力。

（二）突破规则

除了事后防御手段，针对敌意收购的事前防御措施在欧盟各成员国也层出不穷。最极端的事前防御措施，莫过于让收购人闻风丧胆的少数股权控股结构和股权转让限制。[②] 通过形形色色的投票杠杆机制，[③]公司实际控制人在占有公司少数股份的情况下却享有多数股份的投票权；利用各式各样的股权转让限制，上市公司的多数股权被牢牢控制在同董事会关系密切的利益相关者手中。面对少数股权控股结构和股权转让限制的壁垒，《指令》第 11 条规定了突破规则：“在要约收购的有效期间内，收购人及目标公司所有公司章程或合同、协议中规定的证券转移限制均取消；在决定是否采取防御手段的股东大会上，目标公司所有公司章程或合同、协议中规定的投票权限制均无效，所有具有多数表决权的证券均只算一表决权。”简言之，突破规则意味着在敌意收购中少数股权控股结构和股权转让限制的双重失效。为了兼顾公平，《指令》要求收购方对因为突破规则而丧失对公司不成比例控制权的大股东给予“现金公平补偿”，但并没有对损失衡量的方式和补偿计算的标准予以明确规定；由于欧盟各成员国也没有制定出较合理的补偿方案，在实践中，收购人对大股东的补偿经常不了了之。[④]

（三）选择适用规则

董事会中立规则和突破规则都是非常极端的规则，前者意味着事后防御手段的一概禁止，后者意味着事前协议壁垒的完全失效；这两条规则在欧盟成员国内部争议巨大，并造成了《指令》各草案长期难以获得通过的结果。最终，欧盟委员会不得不采取巨大让步，制定了选择适用规则，让成员国拥有是否适用董事会中立规则以及是否适用突破规则的自由裁量权；无论欧盟各成员国是否选择适用上述规则，成员国的各上市公司也拥有通过决议的方式选择适用特定规则的自由裁量权。《指令》的立法初

---

① Council Directive 2004/25, Art. 9, 2004 O.J. (L142) 8 (EC).

② 少数股权控股结构和股权转让限制在瑞典、德国和芬兰的上市公司中尤为突出。

③ 例如，多重股权结构（通过分离现金流和控制权而对公司实行有效控制）、金字塔层层控股（通过间接持股形成一个金字塔式的控制链）或交叉持股实现（与其他多家关联公司之间通过交叉投资形成的交互控制网络）。

④ 参见唐林垚、孙小雨：《对敌意收购“五宗罪”的法经济学分析》，载《商法界论集》2020 年第 1 期。

衷,本是希望收购活动可以在欧盟各成员国都能同等发生,所以才推行让事前和事后防御措施都归于无效的董事会中立规则和突破规则。选择适用规则对《指令》的最终通过,起到了推波助澜的作用,但不可避免地损害了《指令》对公平竞争环境的原始追求,放任公司内部人继续拥有相对于中小股东的绝对控制权优势。①

(四)互惠豁免规则

在《指令》推行之前,欧盟不同成员国的公司法对敌意收购防御手段的容忍度不同,因此,在成员国各自的资本市场上,敌意收购不能同等程度地发生——这就是所谓公平竞争环境的缺失。突破规则和董事会中立规则,本是对这种市场不均衡的刻意矫正,而选择适用规则的引入,无疑将带来新的失衡:适用董事会中立规则或突破规则的上市公司,由于防御措施的阙如,一定比不适用这两项规则的上市公司更容易被敌意收购——这是一种典型的逆向歧视,因为更尊重股东选择、治理环境更好的公司在选择适用规则的大背景下反而更容易沦为敌意收购中的牺牲品。为了解决这个问题,欧盟委员会制定了互惠豁免规则,作为选择适用规则的补充:"适用董事会中立规则或突破规则的上市公司,在面对不适用相同规则的收购人的情形下,可暂时取消该规则的适用。"对收购双方力量的衡平,互惠豁免规则至关重要。不过,该规则的适用必须同时经过成员国法律授权以及上市公司股东大会的批准,在本质上也属于欧盟各成员国及其上市公司"选择适用"的规则之一。

(五)全面强制要约收购规则

公平竞争环境和股东权益保护,是《指令》的一体两面。全面强制要约收购规则,是各国证券法中的通行规则之一,旨在确保上市公司股东尤其是中小股东能公平无遗漏地享受由于收购带来的股份溢价。② 全面强制要约收购规则是欧盟各成员国必须适用的强制性规则:"任何人,收购到一定数量让其获得公司控制权的股份后,必须对公司剩余全部股份以公平价格发出全面收购要约。全面强制要约收购规则的触发比例由各成员国自行规定。"该款所称公平价格,是指收购人在一段时间内收购相同股票所支付的最高价格,公平价格所对标的时间段,也由欧盟各成员国自行规定。除此之外,《指令》还赋予欧盟各成员国立法者结合自身国情规定全面强制要约收购豁免规则的权利。

---

① 参见唐林垚:《敌意收购中的自律监管:英国经验与中国实践》,载《福州大学学报(哲学社会科学版)》2021年第1期。

② 参见唐林垚:《论我国上市公司收购之举牌预警及全面要约》,载《西南民族大学学报(人文社会科学版)》2017年第12期。

（六）挤出卖空规则

《指令》中的另一项股东权益保护规则，是挤出卖空规则，这一规则实际上包含挤出与卖空两个规则。当收购人获得目标公司90%以上的股份时，挤出卖空规则开始发挥效用。一方面，敌意收购人可以行使挤出权，以要约方式和公平价格将中小股东清退出目标公司，从此不必再担心中小股东继续存在可能带来的风险和成本，彻底完成公司的私有化进程；另一方面，剩余股东可以主动行使卖空权，请求敌意收购人以要约方式和公平价格购买自己手中全部股份，避免公司从公开转为封闭后受到大股东的欺压和排挤，彻底体面退出目标公司。[①] 同全面强制要约收购规则一样，挤出卖空规则是欧盟各成员国必须适用的强制性规则，但《指令》允许欧盟各成员国根据自身国情在90%和95%之间分别自行设定挤出规则和卖空规则的触发门槛。

二、《指令》立法征程及效果评述

《指令》的形成，有其独特的历史背景，并经历了旷日持久的政治博弈与制度演化。在欧盟内部，几乎所有的制度推行都必须经历成员国磋商和调整的漫长过程，收购法律也不例外。

（一）《完善收购和要约程序的第13号公司立法提案》

"统一的欧洲收购法律"的立法征程，始于20世纪70年代欧盟市场一体化构想的提出。1985年，欧盟委员会在推进内部市场形成的报告中明确指出："应当改善公开要约收购的程序，减少不同成员国之间的巨大差异。"[②]1989年，欧盟委员会向欧盟理事会提交了《完善收购和要约程序的第13号公司立法提案》（以下简称《13号提案》），其是《欧盟收购指令》的最初雏形。以董事会中立规则为核心，《13号提案》几乎照搬了明显股东会中心主义的《英国城市收购及合并守则》，却招来了英国贸易与工业部的猛烈批评：对自律监管规则不加区辨地拿来就用，是对英国收购领域行业自治模式的东施效颦。德国担心，收购法律的颁布将引发频繁而琐碎的诉讼；芬兰与瑞典则共同抵制全面强制要约收购规则的强迫适用。[③]

---

① 参见唐林垚：《公开要约收购制度的再审视》，载《商法界论集》2019年第2期。

② Commission of the European Communities, *Completing the Internal Market: White Paper from the Commission to the European Council* (*Milan*, 28*th* – 29*th June* 1985), COM (85) 310 final (1985).

③ See Klaus J. Hopt, *Takeover Regulation in Europe—The Battle for the 13th Directive on Takeovers*, Australian Journal of Corporate Law, Vol.15, p.1 – 15 (2002).

(二)提案修正过程中的大国博弈

经过与欧盟各成员国的持续协商,欧盟委员会于 1996 年向欧盟理事会提交了《13 号提案》的修正案,允许欧盟各成员国通过法院审判以外的渠道,解决收购纠纷,只要"受到损失的一方被给予足够的补偿";该修正案还允许欧盟各成员国在小股东权益保护机制健全的情况下,豁免全面强制要约收购规则的适用。[①] 然而,这些有针对性的调整,并没有打动欧盟各成员国,英国并购委员会甚至发起了反对统一收购立法的公共运动;长期奉行董事会中心主义的荷兰担心修正案的通过会打破资本市场上收购双方原本的均衡状态,法国则不顾其他成员国的反对,坚持游说欧盟委员会将雇员保护条款增加到新的提案里。[②]

1999 年,德国发生了有史以来的第一场敌意收购,英国沃达丰公司通过要约收购,以迅雷不及掩耳之势获得了曼内斯曼公司的控制权。出于对自身处境的担忧,德国的其他老牌公众公司,以大众汽车公司和巴斯夫股份公司为首,组织了抵制欧盟收购立法的游行示威。欧洲法律事务委员会大会报告起草人克劳斯海纳莱内在向欧盟理事会提交的报告中明确反对董事会中立规则,坚持维护董事会在敌意收购中不经股东会同意直接采取防御措施的权利。西班牙的欧洲议会成员一边倒地支持德国的提案,主要是为了乘机换取德国在欧盟共同农业政策中对更大渔业补贴的支持。

(三)加普·温特主导的公司法改革

面对欧盟各成员国的责难和非议,欧盟委员会并未就此放弃对"统一的欧洲收购法律"的追求。在充分听取欧盟各成员国意见后,欧盟委员会任命阿姆斯特丹大学教授、欧洲顶级公司法学者加普·温特领导欧洲公司法专家们起草一份新的收购指令草案。为了在欧盟范围内营造公平竞争环境,温特小组创设了突破规则和挤出卖空规则,试图以实质公平为切入点,打消欧盟各成员国的顾虑。然而,温特小组的"无私构想"没有充分顾及欧盟各成员国的实际情况:首先,少数股权控股结构和股权转让限制在瑞典、芬兰、荷兰和德国的上市公司中屡见不鲜;其次,欧盟各成员国对自己的民族企业或多或少都有偏护之心。因此,温特小组 2002 年提交欧盟理事会的新提案激起了比之前提案更为猛烈的抨击和反对。

---

① 参见唐林垚:《国情与惯例的结合:我国上市公司之收购、要约及豁免》,载岳彩申、盛学军主编:《经济法论坛》第 19 卷,法律出版社 2017 年版。

② See Klaus J. Hopt, *Takeover Regulation in Europe—The Battle for the* 13*th Directive on Takeovers*, Australian Journal of Corporate Law, Vol. 15, p. 1 – 15 (2002).

(四)选择适用规则的不得已创设与《指令》面世

在持续的谈判和争论无果后,为了最终解决欧盟各成员国之间几乎不可调和的利益诉求,意大利代表提出了选择适用规则:在“统一的欧洲收购法律”的框架下,由成员国自行决定是否采用最具争议的董事会中立规则和突破规则。① 这个折中而大胆的建议获得了欧盟各成员国代表的压倒性支持,并最终促进了《指令》的面世。2003 年 4 月,欧洲议会和欧盟理事会通过了《关于收购要约的第 2004/25/EC 号指令》,要求欧盟各成员国在 2006 年 5 月 20 日之前,依照《指令》颁布各自的收购法律法规。只有奥地利、丹麦、法国、匈牙利、爱尔兰、卢森堡和英国按时完成任务。截至 2007 年 2 月,共有 17 个欧盟成员国颁布了各自的收购管理规则。剩余的 8 个成员国直到 2007 年年底,才相继满足欧盟委员会的要求。2007 年年初,罗马尼亚和保加利亚加入欧盟后,也立刻相继按照《欧盟收购指令》颁布了各自的收购监管规则。

虽然,在欧盟内部,《指令》已经得到较为全面的“上行下效”,不过,欧盟各成员国在法律适用上都不约而同从本国利益的角度出发,尽可能通过细微的语言差别,实施既符合《指令》底线要求,又不至于让本国公司过于不适的法律。就每个独立的成员国而言,显然是无力左右欧盟委员会的立法偏好的,更无力阻挡欧盟法律趋同之大势。在从成员国到欧盟法律制定过程中,欧盟各成员国或出于各种各样的原因、利益交换而妥协,但在从欧盟到成员国法律推广和适用的过程中,各利益相关主体曾经的异议与偏执却再次死灰复燃,侵蚀了新法律的影响力和执行效果。

三、《指令》规则掣肘及法律缺陷

为了在欧盟内部促进收购产生、营造公平竞争环境,《指令》引入了董事会中立规则、突破规则和互惠豁免规则;为了对公司股东尤其是中小股东权益提供充分保护,《指令》规定了强制要约收购规则和挤出卖空规则。但是,为了最终实现“统一的欧洲收购法律”,《指令》不得不引入选择适用规则以安抚各异议成员国,并在最初的各项立法目标上充分妥协。

回顾《指令》的“马拉松式”立法征程,欧盟各成员国在收购规则制定过程中的博弈,本质上是股东会中心主义同董事会中心主义的理论纷争,亦即在敌意收购中,究

① William J. Magnuson, *Takeover Regulation in the United States and Europe: An Institutional Approach*, Pace Int'l L. Rev., Vol. 21, p. 230 - 232 (2009).

竟应当尊重董事会的商业判断、施行严厉监管以维护公司内部稳定、防止利用金融杠杆的金融巨鳄肆意妄为,还是应当强调股东合法权益不可侵犯、听任收购人撤换不效率的管理层、尊重市场和资本的力量? 从《指令》的立法初衷来看,欧盟委员会显然是股东会中心主义理论的拥护者,坚信敌意收购是提升公司治理环境的良方妙药。然而,就最终通过的《指令》而言,虽然涉及股东权益保护的规则,如全面强制要约收购规则与挤出卖空规则,均是强制适用规则,但涉及敌意收购中董事会防御手段限制的规则,如董事会中立规则、突破规则和互惠豁免规则,均是选择性适用规则;这就为部分成员国在转化《指令》过程中继续维持董事会中心主义的立法实践,留有充分余地。

(一)董事会限制性规则的失败

以董事会中立规则为例。在《指令》推广之前,欧盟共有 18 个成员国在收购法律中规定了董事会中立规则。[①] 在《指令》推广后,只有 1 个成员国——马耳他加入了这些本来就适用董事会中立规则成员国的行列。由此可见,《指令》的推广,并没有令原本采取董事会中心主义立法的成员国改弦更张。更糟糕的是,在《指令》推广后,塞浦路斯、法国、希腊、匈牙利、葡萄牙、斯洛文尼亚和西班牙等成员国相继选择适用了互惠豁免规则。本来,这些成员国上市公司的董事会在敌意收购中未获得股东会明确授权不得采取任何防御措施;在引入互惠豁免规则后,董事会反而能够在互惠豁免情形中不经股东会批准直接采取防御措施,大幅度削弱了董事会中立规则中股东会中心主义的精神内涵。[②]

选择适用规则的存在,更是让本来被视为消弭事前防御措施最有力武器的突破规则形同虚设。在《指令》推广后,只有波罗的海三国选择适用突破规则,[③]这 3 个成员国共有 99 个上市公司,仅占欧盟上市公司总数的 1.4%,其市值不到欧盟上市公司总市值的 1%。[④] 另有极少数公司适用了突破规则,这些公司很快成为敌意收购的目标;部分通晓《指令》规则的收购人甚至还刻意选择适用突破规则,目的在于排除互惠

---

① 这 18 个成员国是奥地利、塞浦路斯、捷克、爱沙尼亚、芬兰、法国、希腊、匈牙利、爱尔兰、拉脱维亚、立陶宛、葡萄牙、捷克共和国、斯洛文尼亚、西班牙、瑞典、罗马尼亚、脱欧前的英国。

② 互惠豁免规则规定,股东会要每隔 18 个月对管理层在互惠免除情形(面对不采取董事会中立规则或突破规则的敌意收购人的情形)采取防御手段进行事先授权。在获得授权后的 18 个月内,董事会在互惠豁免情形采取防御手段不再需要经过股东会批准。

③ 波罗的海三国指爱沙尼亚、拉脱维亚和立陶宛。

④ Commission of the European Communities, *Report on the Implementation of the Directive on Takeover Bids* (*Brussels*, 21*st February* 2007), Annex 1, SEC 268(2007).

豁免规则对目标公司董事会的松绑。[①] 在实践中,突破规则被证明无法消除所有事前防御措施,例如,发行无表决权股、赋予非股东的第三方行使公司重大事项的特别权利等。

综上所述,选择适用规则和互惠豁免规则共同对敌意收购中定分止争、促进公平竞争环境的董事会限制性规则,造成了极大的掣肘和抵消。一方面,规则间的相互作用,让本来可以勒住目标公司董事会缰绳的硬性规定有了被合理规避和绕开的可能性;另一方面,柔性规则的刻意套用,为投机取巧的收购人生杀予夺治理环境优良的目标公司提供了便利。目标公司董事会和收购人都不约而同地从规则滥用中获得了反向加持,唯有股东群体在敌意收购中公司关键事项决策上大权旁落。

(二)股东权益保护规则

为了切实保护目标公司中小股东的权益、减少股东会同董事会之间的代理成本,《指令》在对董事会行为的限制性规定之外,着重规定了全面强制要约收购规则和挤出卖空规则。与其他规则不同,这两项规则是强制性规则,欧盟各成员国只在触发门槛和豁免事由上享有自由裁量权。在实践中,挤出卖空规则的适用并未产生任何问题和争议,多数成员国对挤出权和卖空权均设立了90%的门槛、部分成员国对挤出权和卖空权均设立了95%的门槛,拉脱维亚和卢森堡对挤出权设立了95%的门槛、对卖空权设立了90%的门槛;没有任何一个成员国规定了挤出卖空规则的豁免事由。[②]

与之形成鲜明对比的是,全面强制要约收购规则,却因为成员国天马行空的转化方式,在实践中造成了诸多问题。[③] 一方面,触发门槛的问题。科学的触发门槛,首先应当考察收购人所持有目标公司股份对应多大比例的公司控制权。少数股权控股结构在欧洲上市公司中较常见,收购人所获股份与目标公司实际控制人或许"同股",但未必"同权"。在希腊、法国、卢森堡、斯洛伐克等国,全面强制要约收购规则的触发门槛是收购人获得目标公司1/3投票权;在捷克共和国和立陶宛,触发门槛是收购人获得40%投票权。上述规定,显然考虑了类别股对公司控制权争夺的影响。然而,在少数股权控股结构最司空见惯的瑞典、芬兰、荷兰和德国,却完全照搬《英国城市收购及

① See Guido A. Ferrarini et al. (eds.), *Reforming Company and Takeover Law in Europe*, Oxford University Press, 2004, p. 1535.

② Commission of the European Communities, *Report on the Implementation of the Directive on Takeover Bids* (*Brussels*, 21*st February* 2007), Annex 1, SEC 268(2007).

③ 参见唐林垚:《我国要约收购及触发点的保留与改进——兼析与欧美上市公司收购规则的比较》,载《政法论丛》2018年第3期。

合并守则》中 30% 股份的触发门槛,或许是成员国监管层因护犊心切而有意为之——当收购人在获得 30% 股份时,未必享有目标公司 30% 的投票权,但必须对公司在外流通的所有股份发出全面收购要约,此举无疑大幅度加重了公司收购的难度与负担。另一方面,目标公司的股权分布状况,也决定全面强制要约收购规则触发门槛是否合理。总的来说,股权结构越分散,收购人成为大股东所需要的股份越少,全面强制要约收购规则的触发门槛应该越低;反之亦然。匈牙利和斯洛文尼亚的上市公司股权分布较集中,却规定了收购人获得 25% 投票权的较低触发门槛,这明显有悖于全面强制要约收购规则的基本法理;当收购人获得 25% 投票权时,或许尚不是目标公司的大股东,强制收购人在此时发出全面收购要约,徒增其成本却无助于公司控制权取得。在股权分布相对分散的拉脱维亚、马耳他和葡萄牙,立法者竟然规定了高达 50% 投票权的触发门槛;波兰的触发门槛甚至高达 66%,使全面强制要约收购规则完全形同虚设。在这些成员国,收购人完全无须高达 50% 投票权就能成为公司的控股股东,实在没有必要冒着发出全面收购要约的风险在获得公司控制权后继续增持股份。

除触发门槛不科学之外,欧盟各成员国还普遍存在全面强制要约收购规则豁免门槛过低的问题。全面强制要约收购规则的意义,本在于让中小股东能无一例外地享受公司控制权转移带来的股份溢价,而比利时、立陶宛、波兰、斯洛伐克和荷兰均规定,当公司控制权事实转移时,全面强制要约收购规则得以豁免。西班牙、法国、葡萄牙规定,当合并得到股东大会同意时,全面强制要约收购规则得以豁免;在实践中,收购人往往一边积累目标公司投票权,一边借由投票权改变股东大会的决议,最终达到豁免全面强制要约收购规则的效果。股权转让中的股东优先购买权是基于有限公司人合性的制度设计,①在实践中出现被滥用的情况。马耳他和希腊规定,当收购人由于发行新股时享有优先权越过触发门槛时,全面强制要约收购规则得以豁免;在实践中,收购人完全可以利用投票权,操纵股东大会作出发行新股的决策,并利用优先权豁免全面强制要约收购规则。丹麦甚至规定,股权赠与不受触发门槛限制,这无疑为收购人规避全面强制要约收购规则提供了便利。

总而言之,宽松无度的触发门槛与规则豁免,让全面强制要约收购规则的效果大打折扣,是部分成员国在规则转化时不负责任的体现;原本以股东保护为目标的规

---

① 赵旭东、衣小慧:《股东优先购买权中转让股东"反悔权"的证成与构建》,载《国家检察官学院学报》2021 年第 2 期。

则，并没有在收购中给予股东群体周全而平等的保护，反倒为收购人同公司内部人沆瀣一气提供了扭曲的激励。

四、我国敌意收购立法可汲取的《指令》教训

自下而上构建，但是自上而下推广、在字面上高度股东会中心主义的《指令》，在欧盟大国较量、利益角逐和政治分肥中不断妥协，沦为欧盟部分成员国推行董事会中心主义立法的借端，构建了贸易保护壁垒，难以真正保障中小股东权益。分析欧盟敌意收购立法的缺陷，可供我国参考以汲取《指令》的教训。

（一）董事会中立规则的缺陷与完善

《指令》最大的缺陷，莫过于董事会中立规则没有得到彻底践行。借鉴英国经验，《指令》规定了清晰、严格的董事会中立规则；然而，受制于选择适用规则和互惠豁免规则的掣肘和抵消，欧盟各成员国或明确放弃董事会中立规则的适用，或巧妙利用规则的暗门规避之。选择适用董事会中立规则的成员国，在将《指令》转化为本国法律的过程中，也玩起了文字游戏，制定了漏洞百出的董事会中立规则，削弱了对董事会在敌意收购中严守中立的实质要求。部分成员国通过列举的方式规定了“阻止收购要约的限制”，另一部分则通过晦涩的语言规定了董事会具有“避免采取可能会导致要约收购延迟的竞争行动的义务”。[①] 瑞士只禁止董事会实施某些特定的防御手段，例如，“可能在效果上改变公司资产结构或义务的交易”。由于“法无禁止即可为”，这些不严谨的董事会中立规则在实践中反而为董事会采取防御手段提供了法律依据，同立法初衷完全背道而驰。

我国不严格的董事会中立规则也面临类似问题。我国《上市公司收购管理办法》第33条规定：“收购人作出提示性公告后至要约收购完成前，被收购公司除继续从事正常的经营活动或者执行股东大会已经作出的决议外，未经股东大会批准，被收购公司董事会不得通过处置公司资产、对外投资、调整公司主要业务、担保、贷款等方式，对公司的资产、负债、权益或者经营成果造成重大影响。”乍一看，我国董事会中立规则要求目标公司董事会在敌意收购中必须“消极被动”，除执行股东大会已作出的决议外，不得有大动作。然而，第一，《上市公司收购管理办法》第33条适用的时间段，

---

① 例如，比利时《收购法典》第21条。

仅限制于“收购人作出提示性公告后至要约收购完成前”,不适用于金色降落伞、交错董事会等公司章程中已经事先置入的防御措施手段,对要约收购完成后、公司下一次股东大会召开前董事会可能采取的极端措施也无约束力。另外,董事会如果在收购人作出提示性公告之前,就觉察到了收购人的收购企图,完全可以立即部署相应的反收购措施,将“野蛮人”扼杀在摇篮之中。第二,《上市公司收购管理办法》第 33 条只禁止董事会采取可能会“对公司的经营成果、权益、负债、资产造成重大影响”的防御手段,并不限制其他防御手段的使用。最好的例证是,在“宝万之争”中,为挫败宝能系的收购企图,万科 A 股和 H 股曾同时停牌长达 7 个月之久。

按照我国《上市公司收购管理办法》中的董事会中立规则,似乎只要董事会采取的防御措施是在要约收购发生之前,或者不对公司经营造成重大影响,就不必寻求股东大会的批准。同部分欧盟成员国的董事会中立规则一样,《上市公司收购管理办法》第 33 条并非真正的董事会中立规则,虽在字面上禁止董事会在敌意收购中采取过激防御手段,却在实践中为董事会规避股东会批准采取防御手段提供了法律依据。欧盟部分成员国同中国董事会中立规则的完善,都应该回归到《指令》董事会中立规则的立法本意——任何阻挠公司控制权交易的行为,都是违背市场规律的、不效率的,对于在敌意收购中同公司所有权人具有天然利益冲突的目标公司董事会尤其如此——应当要求董事会在敌意收购中严守中立,在未获得股东会授权之前不得采取任何防御措施;立法者可以根据本国国情和资本市场的特殊情况,以列举的方式规定董事会中立规则的例外。归根结底,董事会中立规则的立法路径,应当遵循以概括式的禁止性条款为主,列举式的例外情形为辅,不能反其道而行之,通过列举的方式来规定禁止的情形,让董事会在列举情形之外有机可乘——法律漏洞由此产生。[①] 总之,董事会在敌意收购中严守中立、保持克制的规定,应该是默认适用、一概适用、全盘适用的;当且仅当法条通过列举的方式进行“另有规定”的条件成就时,才可排除董事会中立规则的适用。

(二)强制要约收购规则的门槛与豁免

全面强制要约收购规则是《指令》中的强制性规则,只要收购人获得目标公司达到欧盟各成员国自行规定的触发门槛的股份,就必须对向目标公司在外流通的所有剩余股份发起全面强制要约收购。我国同部分欧盟成员国一样,选择 30% 作为触发

① 参见唐林垚:《论美国敌意收购中商业判断规则适用之实践》,载《社会科学》2019 年第 8 期。

门槛,但在我国上市公司收购中,当收购人获得目标公司 30% 股份时,依照不同的收购方式,可能导致不同的触发后果。

我国《上市公司收购管理办法》规定了三种上市公司的法定收购方式——要约收购、协议收购和间接收购。其中,只有间接收购人拥有的股份超过目标公司已发行股份的 30% 时,才必须向目标公司在外流通的所有剩余股份发起全面强制要约收购;通过要约方式或协议收购方式获得目标公司 30% 股份的收购人,可以根据自身需求,向所有剩余股份发起全面强制要约收购,或只向部分股份发起要约收购。易言之,只要不是以间接收购的方式跨越触发门槛,收购人若想继续增持目标公司股份的,只要以要约收购的方式进行即可,对必须收购的股份数量没有硬性要求。相较协议收购和间接收购,要约收购的程序更多、成本更高,无疑会增加收购人的负担,因此,只要可以发出部分要约,收购人绝对不会发出全部要约。总之,与《指令》中全面强制要约收购规则不同的是,我国法律规定的只是强制要约收购规则,既不是单纯的全面要约,也不是单纯的部分要约,而是视收购方式而异,全面要约与部分要约共存并行。①

全面强制要约收购规则的立法初衷,是确保上市公司中的中小股东在敌意收购中获得同大股东、控股股东等一样的待遇,确保他们在敌意收购中有确定无疑的退出通道。中国上市公司中小股东同大股东之间的代理成本远甚于同管理层之间的代理成本。鉴于此,全面强制要约收购规则比强制要约收购规则更能够保护中小股东的合法权益。如果允许收购人通过要约收购的方式,以任意比例竞逐公司剩余股份,我国《证券法》和《上市公司收购管理办法》虽能确保收购人不分预受股份的多少和股东大小,都一视同仁对待所有预受股东,却不能保证股东预受的全部股票都能卖出。一旦收购人获得公司控制权,对公司剩余股份的需求会猛然降低,必然拉低剩余股份的价格,导致中小股东权益受损。只有全面强制要约收购规则,才能保证所有中小股东,都能一视同仁地有机会以公平溢价出售手中的全部股份,适时退出。因此,按不同收购方式区分触发效果的法律规定对我国资本市场上的中小股东保护有害无益,全面强制要约收购规则的全面推进势在必行。

除此之外,我国未来全面强制要约收购规则的触发门槛,也应当更加灵活。数据表明,早在 2010 年,上海证券交易所、深圳证券交易所以及香港证券交易所的上市公司总市值,已经接近欧洲证券交易所总市值的三倍。在股权分置改革后,我国上市公

① 唐林垚:《我国上市公司要约收购制度评析》,载《社会科学》2017 年第 10 期。

司股权分布总体较集中,但也不乏公司治理环境优良、股权结构较分散的上市公司。在法理层面,全面强制要约收购规则的触发门槛应当随股权集中程度水涨船高。丹麦和爱沙尼亚的收购法律自始至终没有给出明确的触发门槛的数字,只是要求获得多数投票权后仍想继续增持目标公司股份的收购人,向所有剩余股份发出收购要约。我国可以参考丹麦和爱沙尼亚的实践,由上市公司股东会自查公司股权分布后,以决议方式在公司章程中设定全面强制要约收购规则的触发门槛,并报证券交易所或中国证监会确认即可。

对于强制要约收购规则的豁免,《上市公司收购管理办法》第六章规定了四类法定情形:不导致公司实际控制权发生变化的情形、①经公司股东大会批准的情形、②由投资人意志之外原因导致的情形,③以及长期缓慢增持股份的情形。④ 我国存在豁免门槛过低的问题,并且我国法律豁免的对象不是全面要约收购,而是要约收购本身也是较突出的问题。在我国,只要不是以间接收购的方式跨过触发门槛,收购人本来就不必对所有剩余股份发出全面要约,只需以要约收购的方式继续增持目标公司股份;此时,符合豁免情形予以豁免的,是要约收购本身,受到豁免的收购人不再必须以要约方式增持股份,而可以选择成本更低、速度更快的其他收购方式。此外,要约收购一经豁免,就没有恢复适用的规定;这无疑为有实力的收购人规避法律、损害上市公司及其股东利益留有空隙。鉴于此,在现行要约收购有关法律法规之外,应当额外增加要约收购的豁免期限以及获得豁免后增持股份比例限制的条款。

(三)特立独行的卖空规则

《证券法》中并没有直接规定挤出卖空规则。我国《上市公司收购管理办法》规定,以终止被收购公司上市地位为目的的,收购期限届满,收购人应当按照要约收购的条件,吸纳被收购公司股东预受的全部股份。虽不以终止上市地位为目的的收购,但收购行为导致被收购公司股权分布不符合上市条件、该公司股票依法被终止上市交易的,目标公司的剩余股东有权在合理期限内向收购人以收购要约的同等条件出售其股票。公司股权符合上市条件的要求,在《证券法》中有相应规定:公司股本总额

---

① 例如,同一实际控制人控制的不同主体之间股份转让导致的股份增持,或权益股份超过50%的绝对控股股东继续增持股份。

② 例如,收购人提出的挽救公司的重组方案。

③ 例如,国有资产无偿划转、变更、合并,上市公司回购股份减少股本导致投资者持股比例增加,金融机构经营业务、公司股份回购、所持优先股表决权恢复、继承事实发生。

④ 例如,收购人承诺三年内不转让拥有的公司股份权益,或投资者拥有权益股份超过30%一年后增持股份比例限制在每12月2%内。

不少于人民币 3000 万元;公开发行的股份达到公司股份总数的 25% 以上;公司股本总额超过人民币 4 亿元的,公开发行股份的比例为 10% 以上。由此可见,在特定情形下,公司收购中的剩余股东可以向收购人行使卖空权,这是我国公司收购的强制适用规则。《指令》规定了挤出与卖空两项强制适用规则,兼顾了收购人控股效率与中小股东保护的双重追求。我国法律只规定了股东享有的卖空权,却没有规定收购人的挤出权与之相对应,反映出我国现行法律对中小股东利益保护的天然倾斜。

以终止目标公司上市地位实施的收购,要求收购人购买股东预受的全部股票,无可厚非、入情入理。[①] 然而,仅因为目标公司股权分布不符合上市条件被终止上市,要求收购人购买剩余股东的全部股票,有矫枉过正之嫌,且会导致公司控制权交易市场的不效率。第一,我国卖空权规则的适用,既没有收购人持股比例的要求,也缺乏必须收购股份比例的限制,仅以目标公司股权分布不符合上市条件、公司股票被终止交易为前提条件。当目标公司终止上市时,剩余股东手中的股票,一般是收购人发出部分要约超出既定数量的股票,或者是收购人发出全面要约时股东不愿预受的股票。要求收购人必须收购剩余股票,相当于将部分要约收购强行转换为全面要约收购,这将极大地增加收购人的收购成本,遏制敌意收购的产生。缺乏出于供给侧的收购人,中小股东享受股份溢价的合理退出渠道将是无本之木、无源之水。第二,在实践中,公司股权不符合上市条件的结果,未必完全由收购人的收购行为所导致。当收购人通过要约收购竞逐公司股份时,其他大股东也可能悄然增持公司股份;只要其余大股东的增持比例不超过 5%,就不至于触发强制信息披露义务。[②] 在极端情况下,可能是收购人和公司大股东的增持行为共同导致了公司股权分布不符合上市条件,但是,处在明处的要约收购却会被认为是造成该结果的直接近因,明显有失公平。第三,过低的触发门槛,有可能让原本只打算收购目标公司部分股份、以公司分红为最终目标的投资人,为满足法定要求,被迫实现目标公司的私有化,成为控股股东。擅长投资者未必就擅长经营,收购人接手不熟悉业务,可能会完全打破目标公司本来的既定发展方针,对公司长远发展不利,对目标公司的关联企业、债权人和员工等利益相关者也没有好处。

从中小股东利益保护的视角出发,上市公司终止上市应当给予剩余股东体面退

① 唐烈英、唐林垚:《论我国上市公司要约收购之抑扬——兼评〈证券法〉第 88 条第 1 款》,载《社会科学研究》2018 年第 5 期。

② 唐林垚:《我国信息披露违规增持股份之惩戒抉择》,载《西南民族大学学报(人文社会科学版)》2020 年第 4 期。

出的机会。然而,不区分公司股权分布变化的根本原因、不考虑收购人预定收购股份与股东滞留股票比例的大小、不斟酌收购前后目标公司经营业态的变化,强制收购人全盘接手公司剩余股东手中的全部股票,难免有失公平,也可能损害股东长期利益。在互联网和平台经济发展如火如荼的今天,相对宽松的卖空规则,还有助于实体经济和虚拟经济的耦合协调度达至最优。[①] 对此,笔者建议,当公司股权分布不符合上市条件时,在要约收购期间增持股份的其他大股东应同收购人一起,按股份增持比例强制购买公司剩余股份。在我国强制私有化门槛较低、权益披露公开的情形下,按增持比例分摊中小股东滞留股票的做法,相对合理、公平且具有较强可操作性。

五、结　语

从“统一的欧洲收购法律”构想的提出,到选择适用规则的不得已引入,再到各行其是的欧盟成员国立法,《指令》的步步妥协和节节败退反映出欧盟委员会对统一全面规制(Vollregelung)的过分追求与成员国普遍滥用委任规制(Regelungsauftrage)之间不可调和的矛盾,以及欧盟法律受制度拖累长期无法在任意性规定和强制性规定之间寻求最佳均衡的现状,其结果就是,欧盟法律必须在形式的灵活性和制度的稳定性之间“选边站”。

《指令》中的六项核心规则,无一不决定着收购参与方的权力分配,每一项都可能决定公司控制权争夺的胜负输赢,牵一发而动全身。欧盟各成员国虚与委蛇的敷衍式立法,也展现出严谨对待规则各组成要素的重要性,哪怕是轻微的、文字上的修改,也可能导致整个规则性质的变调。欧盟委员会在立法和执行中的教训,可供我们思考。

① 唐林垚:《让实体经济和虚拟经济的耦合协调度最优》,载《特区经济》2009年第11期。

理论探究

INVESTOR

证券服务机构虚假陈述赔偿责任的实证分析与要件回归

陆　瑶[*]　吴　弘[**]

摘　要：证券服务机构虚假陈述的赔偿责任面临现行立法形态各异、司法实践趋严适用等问题。对判决的推演过程予以实证分析，构建可资检验的论证准则，以期免于主观法感情的恣意。此类虚假陈述属于无意思联络的数人侵权，风险责任的分配应当与最终责任的承担相适应。在各种责任形态中，部分连带责任最为合理，立法变迁与司法实践亦对此有所回应。责任边际的划分标准依赖于责任要件的具体判定。主体要件应与主体责任相切割。精细化把握不同机构的虚假陈述行为，方能聚焦于客观要件来判定行为责任。一方面，事实因果关系不明的情况下往往采取比例因果关系作为法律责任的控制机制；另一方面，此类案件多涉及抽象轻过失，对于非专家部分的一般注意义务不应过苛。根据信息距离理论可以横向比较各机构的不同责任标准。要件化进路有助于提升社会总效益和保护中小投资者的双重目标达成。

关键词：证券服务机构　虚假陈述赔偿责任　实证分析　要件化　部分连带责任

作为资本市场的重要参与主体，证券服务机构扮演着“看门人”的关键角色。但是“看门人”并非“守门员”。正如再健康的人也会生病，一个健全的市场并不等于绝对的、静止的秩序，富有活力的市场主体之间难免发生摩擦乃至纠纷。相对完善的制度框架作为市场的“免疫系统”，将在偶发的虚假陈述等违法行为面前发挥防御作用。

---

* 华东政法大学经济法专业2020级硕士研究生。

** 华东政法大学经济法学院教授、博士研究生导师，中国银行法学研究会副会长、上海市法学会金融法研究会会长。

证券服务机构的虚假陈述民事责任正是资本市场“免疫系统”的重要一环。

目前,证券服务机构虚假陈述的民事赔偿责任尚未得到类型化和规则化。在代表人诉讼闸门已然开启的背景之下,由于现行立法形态各异、司法实践趋严适用、责任边际划分不明,服务机构面对来自司法机关的个案责任测试,往往被课以全部损失的连带责任,进而寻求二审与再审程序寻求救济,诉讼进程旷日持久、常拖不决。执业风险厌恶取向被进一步放大,部分机构甚至可能在事前进行逆向选择,导致证券市场信息披露质量难以提升,损及市场整体利益。

一、证券服务机构虚假陈述赔偿责任存在的问题

一方面,我国法律法规未对“证券服务机构”这一概念进行明确的周延性规定。《证券法》第十章专章规定了证券服务机构。和历史版本纵向比较,[①]2019 年修订后的《证券法》第 160 条单列出会计师事务所、律师事务所这两类机构,并且更加注重服务场景化的设置,通过列举对证券服务机构的外延进行了半开放式的规定。另一方面,我国学者往往将保荐人与证券服务机构合并称为“证券中介机构”。[②] 此概念未见于我国现行法。综观近年有关立法,最高人民法院曾在 2003 年的司法解释中提出过与之近似的“专业中介服务机构”概念,同时列举了会计师事务所、律师事务所、资产评估机构三类机构。2020 年的《公司信用类债券信息披露管理办法》使用的则是“中介机构”的概念,于第 34 条将其两分为债券承销机构与信用评级机构、会计师事务所、律师事务所、资产评估机构等中介机构。综上所述,使用“证券服务机构”专以指代保荐人与承销商之外的会计师事务所、律师事务所、资产评估机构等从事证券服务活动的机构,似更妥帖。

虚假陈述民事责任条款趋严适用的支持者认为,通过赋予投资者更多的索赔依据,证券服务机构面临民事诉讼的概率剧增,并且由于举证责任、证明标准等诉讼法的规定,败诉可能性大,可以降低投资者的受损风险,提振投资者的市场信心。然而,加大民事责任条款的力度,放手让拥有力量加成的投资者向中介机构发起博弈,在提防机构的道德风险的同时亦有矫枉过正的可能。[③] 虚假陈述在立法层面的含混以及

---

① 《证券法》(2014 年修正版本)第 169 条规定,投资咨询机构、财务顾问机构、资信评级机构、资产评估机构、会计师事务所从事证券服务业务,必须经国务院证券监督管理机构和有关主管部门批准。

② 参见刘志云、史欣媛:《论证券市场中介机构“看门人”角色的理性归位》,载《现代法学》2017 年第 4 期。

③ 参见何海锋、李晔:《新证券法如何强化中介机构的“看门人”责任》,载《银行家》2020 年第 4 期。

在司法层面的激进，同时向各个市场主体释放着信号，其中既包括普通投资者在投资乃至索赔时对主体责任的过度倚重，也包括会计、法律、资信评级等证券服务机构的执业风控。有研究表明处罚过苛于审计质量无利，反而会导致审计人的过度退出。[①]过高的民事责任亦如此。

（一）现行立法的梳理

关于证券服务机构虚假陈述的民事赔偿责任，现行法对于同一问题呈现条文之间互相抵牾、效力等级参差不齐的状态。自改革开放以来，我国证券市场建设方兴未艾。在市场经济初创阶段，由于缺乏制度资源，立法和司法条件难免存在局限；制定部门各有不同，立法理念亦未能同一传承。现以颁布时间为线索，归纳现行有效的证券服务机构虚假陈述的主要规定如表1所示。

表1　证券服务机构虚假陈述赔偿责任的立法现状

颁布时间	文件名称	发布部门	效力级别	条款要点
2003年1月9日	《关于审理证券市场因虚假陈述引发的民事赔偿案件的若干规定》（以下简称《2003年若干规定》）	最高人民法院	司法解释	第6条：受理的前置条件 第18、19条：因果关系推定 第24条：过错推定 第27条：共同侵权责任
2007年6月11日	《关于审理涉及会计师事务所在审计业务活动中民事侵权赔偿案件的若干规定》（以下简称《2007年若干规定》）	最高人民法院	司法解释	第6条：会计师事务所承担与其过失程度相应的赔偿责任 第10条：会计师事务所承担有限的补充责任
2019年12月28日	《证券法》	全国人大常委会	法律	第163条：证券服务机构虚假陈述的连带责任+过错推定责任
2020年7月15日	《全国法院审理债券纠纷案件座谈会纪要》（以下简称《债券纪要》）	最高人民法院	司法解释性质文件	第31条：债券服务机构的过错认定 第32条：债券服务机构的责任追偿

① 参见王兵、李晶、苏文兵、唐逸凡：《行政处罚能改进审计质量吗？——基于中国证监会处罚的证据》，载《会计研究》2011年第12期。

续表

颁布时间	文件名称	发布部门	效力级别	条款要点
2020年12月25日	《公司信用类债券信息披露管理办法》(以下简称《管理办法》)	中国人民银行、国家发改委、中国证监会	部门规范性文件	第34条:中介机构对于债券募集说明书虚假陈述的不同标准 第35条:中介机构应当制作并保存底稿

(二)司法实践的转向

最高人民法院《关于人民法院登记立案若干问题的规定》(以下简称《立案规定》)自2015年开始实施。符合《民事诉讼法》第119条起诉条件的,自此皆属人民法院受理民事诉讼的范围。2015年,最高人民法院《关于当前商事审判工作中的若干具体问题》(以下简称《商事审判规定》)进一步明确该立案登记司法解释在证券市场的适用,监管部门的行政处罚和生效的刑事判决不再作为虚假陈述行为所引发的民事赔偿案件的受理条件。但在投资人以《关于人民法院登记立案若干问题的规定》和上述《立案规定》《商事审判规定》为依据提起的再审案件中,最高人民法院均坚持《2003年若干规定》仍然有效,在其未被废止或者修订之前,一审、二审法院适用其规定,裁定驳回起诉,于法有据,并无不当。①

实际上,虚假陈述是一类广泛存在的侵权类型,具备证券法和侵权行为法作为审判依据的"双峰"。法院应根据侵权责任的构成要件,对双方当事人提供的证据进行充分审查,在认定事实基础上作出公正裁判,不复考虑其他前置条件。而证券虚假陈述案件的司法行政化特点,至今犹存。各地审判思路尤其是关于虚假陈述受理条件的判定并不统一。部分法院仍然适用《2003年若干规定》关于前置程序的规定;部分法院有所松动,对具备行政处罚事先告知书的案件予以立案受理;部分法院则不再以行政处罚措施为案件受理的屏障。

为贯彻立案登记制的司法改革措施,越来越多的法院在立案阶段体现了对证券虚假陈述纠纷立案前置程序的放松趋势,但进入实体审理阶段之后,法院仍过度依赖于中国证监会或其派出机构作出的行政处罚决定以最终确定相关主体的民事责任。实际上,此类问题应由法院依照经验法则结合全案证据加以认定,属于法之判断,而非事实问题。② 目前,有法院意识到基于证券违法案件的行政处罚和证券虚假陈述民事赔偿所保护的法律利益、构成要件及实体法律依据均为不同,并对上市公司董事的

① 戴某某、锐奇控股股份有限公司证券虚假陈述责任纠纷案,(2018)最高法民申3428号民事裁定书。

② 参见王泽鉴:《侵权行为》(第3版),北京大学出版社2016年版,第243页。

连带责任问题进行说理,[①]更有少数法院在并无行政处罚的情况下,对证券服务机构虚假陈述赔偿责任的判定迈出了第一步尝试。不妨暂且搁置这一做法与《2003 年若干规定》第 6 条相左的合法性问题,其判定思路的合理性值得作为司法实践的最新动向而进一步深入探析。以 2018 年的上海大智慧公司、立信会计师事务所与曹某某等虚假陈述案(以下简称"大智慧案"),2019 年的李某某与成都华泽钴镍材料公司、国信证券虚假陈述案(以下简称"华泽钴镍案"),2020 年的王某等诉五洋建设、陈某某、德邦证券、大信会计师事务所、上海市锦天城律师事务所、大公国际资信评估等证券虚假陈述案(以下简称"五洋案"),2021 年的许某某、崔某某等与江苏保千里公司、银信资产评估公司证券虚假陈述案(以下简称"银信案"),李某某、周某某诉中安科公司、招商证券、瑞华会计师虚假陈述案(以下简称"中安科案")等典型案例为样本,对法院公开披露的判断因素及推论过程进行实证分析,在归纳和评析中构建较为客观的论证准则,方得免于主观法感情的支配。

二、证券服务机构虚假陈述赔偿责任性质的辨析

回归侵权行为理论有助于适应经济发展和价值变迁,调适被害人权益保护与加害人行为自由之间的张力。若一切皆从被害人角度出发,对侵害其任意权益的一切损害皆有赔偿,如此这般加害人将严重受限,行为自由动辄得咎,将难以预估其行为所生损害赔偿责任范围,势必阻碍市场经济的运行秩序。此外,之所以要通过作为商事特别法的证券法来规制虚假陈述这类特殊侵权案件,是因为在证券发行及交易过程中,发行人与投资者之间存在天然的信息不对称,投资者处于明显的信息和议价弱势地位,无法适用基于平等主体之间交易预设的一般民事侵权法律予以处理。唯有实际议价,才可能发生溢价。因此,信息披露是证券法的理论核心,要通过保护投资者尤其是中小投资者的知情权来缓解双方信息压差问题,使价格机制得以在资本市场持续发挥作用。虚假陈述正是对于信息披露的背离。虚假陈述责任的核心是负有

---

① 在喻某某与江苏保千里视像科技集团股份有限公司、庄某证券虚假陈述责任纠纷案件中,深圳市中级人民法院认为,民事侵权责任构成要件中损害他人利益的过错与行政处罚责任构成要件中违反管理秩序的过错,虽有关联却并不完全相同。受到相关行政机关的行政处罚,并不必然导致或者推定其在民事纠纷中存在过错并承担相应的民事赔偿责任。法院认定,在该案中,童某某等七名被告作为涉案上市公司的董事,就公司重大资产重组事项进行决策时未能发现评估公司评估结论依据了部分虚假协议,导致公司发生虚假陈述行为并被行政处罚,但是综合全案情况,不应认定其对案涉虚假陈述民事侵权行为具有过错,因此对涉案上市公司的涉案债务不承担连带赔偿责任。

法定的信息披露义务并违反之。将以上两个视角相结合可以对证券服务机构虚假陈述赔偿责任的法律性质分不同层次予以把握。

(一)无意思联络的数人侵权:风险责任与最终责任

证券服务机构虚假陈述的侵权形态多为《中华人民共和国民法典》(以下简称《民法典》)第 1172 条(原《侵权责任法》第 12 条)所指向的无意思联络数人侵权。在此种情况下,证券服务机构出于过失而实施的虚假陈述行为相耦合,而非意思联络,导致了损害后果的发生。若每一位侵权行为人的加害部分均无法确定,理应视为共同侵权。但是令并无过错联系的共同致害行为人承担连带责任,等于将其视为共同侵权,似有不妥。① 此种状况不宜直接套用完全连带责任,而应予以更加深入的理论分析和价值判断,确定更加合理的责任承担方式。

数人侵权的责任形态可分为最终责任和风险责任。第三人所遭损失在多个加害人之间予以分配,由此而生的内部责任是各加害人的最终责任份额。不同的责任承担方式或致众加害人对受害人承担的外部责任与应当承担的最终责任有所出入,二者之差即风险责任。加害人本无最终负担这部分责任的法定义务,却承受了因其他加害人无法承担该部分责任而发生的风险。若风险责任远远大于最终责任,一旦其他加害人丧失了赔偿能力,追偿权的行使没有意义,该加害人所背负的大部分赔偿责任并非其本人所导致,这与私法中的自我答责理论不相契合确定责任方式的核心之所在就是风险责任的适度分配,既要避免风险被不公平地转嫁到遭受损失的投资者身上,又要让作为赔偿义务人之一的证券服务机构所承担的风险责任与最终责任之间的比例相对合理,最终责任相对较小的机构不会因其细微过失而被科以过重的风险责任。② 一方面,发行人才是信息的源头和第一顺位的赔偿义务人;另一方面,证券服务机构声誉担保机制的作用空间在递减。证券服务行业的高度集中化使发行人难以通过标准严格、信誉良好的证券服务机构来向投资者释放积极信号。鉴于上述原因,美国司法实践对“一刀切”的连带责任形态予以改造,采用“门槛”与“深度”的双重限制规则。根据赔偿义务人的最终责任边际来设定连带责任的下限“门槛”,若最终责任的比例小于门槛值,仅就最终责任份额承担责任;反之,该赔偿义务人将被纳

---

① 参见杨立新:《侵权法论》(第 3 版),人民法院出版社 2005 年版,第 635 页。

② 参见彭真明:《论会计师事务所不实财务报告的民事责任——兼评上海大智慧公司与曹某某等证券虚假陈述责任纠纷案》,载《法学评论》2020 年第 1 期。

入连带责任人的范围之内,但其所承担的连带责任范围受"深度规则"保护。[①] 这一域外实践以各赔偿义务人的最终责任为标尺,给连带责任形态设置准入阈值,给连带责任范围设置边际上限,使原因力相对较强、过错程度相对较大、最终责任份额相对更高的赔偿义务人来承受连带责任形态中所蕴含的更高的风险责任。

当发行人与证券服务机构具有实施虚假陈述行为的意思联络时,属于共同侵权而均应承担连带责任,已无疑义。若机构只存在较轻的过失,则依据《民法典》第1172条(原《侵权责任法》第12条)对其信用重叠的部分损失承担责任。

(二)部分连带责任:立法变迁与司法回应

我国早在1998年的《证券法》中就有关于部分连带赔偿责任的明确规定,即"专业机构和人员,应就其负有责任的部分承担连带责任"。在此基础上的《2003年若干规定》第24条承继了该法关于部分连带责任的规定。2004年修正的《证券法》仍旧沿袭。然而,2005年修订后的《证券法》第173条删去了"部分"的表述,持续至今。

对此,立法前沿和司法实践已然出现转向。2020年颁布的《全国法院民商事审判工作会议纪要》虽未在实体方面重提部分连带责任,但提出了"责任承担与侵权行为及其主观过错程度相匹配"的观点,从最高人民法院的视角重申了这条回归的思路。然而,司法对此回应各异。在"大智慧案"中,法院虽判令大智慧公司和会计师事务所共同承担连带责任,但搁置了内部责任具体划分的问题,称其不属于本案的审理范围。[②] 因为会计师事务所作出的虚假陈述行为对大智慧公司的股价影响幅度难以评估量化,法院便直接将二者的行为"打包",或曰"拟制"为一个整体,对外部的投资者统一承担连带赔偿责任,至于内部责任的分摊比例,因不影响"整体"对外应承担的责任范围,故不属于案件审理范围。这种思路纯粹从填平外部损失、消弭社会影响的角度出发,没有考虑最终责任与风险责任的分配,结果可能适得其反。[③] 最高人民法院再审时承认《2007年若干规定》按照审计业务活动中的过错程度不同,对会计师事务所责任承担形式进行了区分,但指出《证券法》第173条只是笼统地规定了连带责任,没有进一步区分故意或者过失。同一事项的法律渊源存在抵牾之时,最高人民法院采取最为保守的解释进路,完全舍弃效力等级较低的《2007年若干规定》,只要证

---

① 例如,美国明尼苏达州规定,最终责任份额15%以内的赔偿义务人所承担的连带责任范围不超过其责任份额的4倍,若最终责任份额在15%~35%,连带责任范围不超过其责任份额的2倍。

② 上海市高级人民法院民事判决书,(2018)沪民终147号。

③ 本案先后经历一审、二审、再审,时间跨度近5年。二审和再审均维持原判。

券服务机构不能证明其无过错,无论过错程度几何,一律对全部损失承担连带责任。[①]实际上《2003 年若干规定》《2007 年若干规定》使法院有权在查明案情的前提上对证券服务机构的最终责任划定明确界限,《证券法》尚存可观的解释空间,法院不必也不应拒绝裁判。[②] 与此相对照,在“银信案”中,银信公司辩称该条应采取目的性限缩的法律解释方法,适用范围仅限定于证券服务机构故意或者推定故意的场合。法院默认了这一主张。尽管《2003 年若干规定》第 24 条规定与《证券法》(2019 年修订)第 163 条之间的关系始终存疑,但《2007 年若干规定》立法意旨与《2003 年若干规定》一脉相承。根据该司法解释,不仅对会计师事务所审计业务中故意和过失侵权造成利害关系人损失的赔偿责任作出了不同规定,而且比《2003 年若干规定》更明确地列举规定了认定故意和过失的不同情形。考虑证券服务机构的业务活动具有同质性,其他机构可以参照上述会计师事务所审计业务的司法解释,如果中介机构承担连带赔偿责任,主观上需要有与发行人或者上市公司恶意串通等知道或应当知道的故意,才构成共同侵权。而在过失的情况下,人民法院应根据其过失的大小确定其赔偿责任。深圳市中级人民法院以考察相关法律规定的沿革背景为主要方法对该条文进行了体系解释和历史解释,最终认为判断中介机构的责任类型时应考量其过错性质,才符合立法意旨。[③]

不同于“大智慧案”中的避而不谈,法院在“银信案”中进一步讨论了证券服务机构赔偿责任的性质和范围。补充责任既强调了共同责任中多个责任主体的主从顺位,也反映了多个责任主体之间过错性质和程度的不同。从实践看,补充责任人要么与主责任人之间存在某种法律上的监督管理或利益支配关系,要么对主责任人的债务不履行行为具有一定的过错。最高人民法院曾在司法解释性质的文件里指出,在民事责任的承担上,应当先由债务人负责清偿,不足部分,再由会计师事务所在其证明资金的范围内承担赔偿责任。会计师事务所出具虚假验资报告存在过错,对虚假验资企业对外债务清偿不足部分,要求验资会计师事务所在其“证明资金的范围内”承担赔偿责任。此时会计师事务所承担的是有限的补充责任。因资信评估公司与会计师事务所的同质性,在评估过程中存在过失的资信评估机构也应当被认定为补充责任人,对投资者承担过错补充赔偿责任。深圳市中级人民法院最终得出的这一结

① 最高人民法院民事判决书,(2019)最高法民申 2372 号。

② 参见彭真明:《论会计师事务所不实财务报告的民事责任——兼评上海大智慧公司与曹某某等证券虚假陈述责任纠纷案》,载《法学评论》2020 年第 1 期。

③ 深圳市中级人民法院民事判决书,(2020)粤 03 民初 4238 ~4249 号。

论显然与部分连带责任有所偏离。原因在于其仅仅援引一个司法解释性质的文件作为推论的大前提,忽视了《证券法》《2007 年若干规定》等其他现行立法,且未提供假设的得出过程。

(三)责任范围之边界:划分标准与要件判定

证券服务机构责任范围划分存在多种标准。域外实践中,欧洲学界曾提出根据证券服务机构收取的酬金,以及发行人市值规模来限制服务机构赔偿范围的构想。[①] 在"银信案"中,就评估报告对发行人未来收入预测误差、对股价和投资者损失的影响比例,被告提出了"虚增估值占比"标准,即基于行政处罚决定认定的事实,存在造假的合同对应虚增的保千里电子公司估值与整个公司估值的比例。评估报告对保千里电子公司未来收入预测误差、对保千里公司股价和投资者损失的影响比例不超过10%,故其只应在不超过 10% 范围内承担补充赔偿责任。而法院则是综合考量银信公司行为的过错程度、虚增估值占比、对市场的影响及其与原告所遭受损失的因果关系等因素,在虚增估值占比之外加入了过错、因果关系等侵权责任要件,实质上以"造假合同的数量占比"为标准行使自由裁量权,酌定证券服务机构在原告损失 30% 的部分承担补充赔偿责任。在数人行为与损害发生均存在关联时,受害人和法院通常会把目光投射到赔偿能力充足、与损害具备某种因果关系的人身上。[②] 无论选择"虚增估值占比""造假合同的数量占比""酬金与市值占比"还是其他不一而足的标准,责任边界几何,最终仍要回归责任要件的判定。

三、主体责任与行为责任的取舍

(一)主体要件与主体责任的理论化分割

在创业板改革进程中,最高人民法院在《关于为创业板改革并试点注册制提供司法保障的若干意见》等司法解释中区分不同阶段信息披露的不同要求,厘清不同责任主体对信息披露的责任边界,意欲通过强调证券民事责任来依法提高市场主体违法违规成本。之所以从责任主体出发,立法初衷在于强化各证券中介机构的责任意识,督促其勤勉尽责。但是,主体责任一旦过分扩张,将引起因果关系认定的技术性瑕

① See Stephanie M. Spel, *Capping Auditor Liability: Unsuitable Fiscal Policy in Our Current Financial Crisis*, 4 Brooklyn Journal of Corporate, Financial & Commercial Law 323 (2010).

② 参见杨立新:《侵权责任追偿权的"背锅"理论及法律关系展开——对〈民法典〉规定的侵权责任追偿权规则的整理》,载《求是学刊》2021 年第 1 期。

疵,有可能诱发投资者虚幻的安全感,激励轻率的投资交易。[①] 虚假陈述的集团诉讼容许了滚雪球般的聚合索赔请求,将司法判决延伸到每一个涉案投资者身上,执法不尽精确和区分程度差的问题同时被放大。[②]

场景化的主体应当对应差异化的责任标准,我国现行法在制度供给层面通过修订《证券法》、出台司法解释等手段初步完成了场景化的勾勒,而将后半场的差异化留给证券民商事案件审理的司法实践,放手各地方法院在个案法律适用中逐渐摸索"责任标准差异化"的应有之义。以要件为抓手,以责任为绳索,将上述相互独立的、离散化的各个主体视个案情况进行打包和捆绑。

(二)虚假陈述行为的精细化把握

有学者认为虚假陈述囊括了证券市场上的所有违法行为。[③] 在此种语境下,举凡重要信息的失真和遗漏,皆属虚假陈述。主体身份对应着不同义务,而实际行为产生了法律责任。应当从主体身份定责的简单逻辑,转向客观行为责任的精细分析,实现合理问责、精准追责。根据2020年颁布的《证券服务机构从事证券服务业务备案管理规定》,各证券服务机构从事的具体证券服务行为如表2所示。

表2 证券服务机构从事的具体证券服务行为

证券服务机构种类	具体证券服务行为
会计师事务所	(1)为证券的发行、上市、挂牌、交易等证券业务活动制作、出具财务报表审计报告、内部控制审计报告、内部控制鉴证报告、验资报告、盈利预测审核报告,以及中国证监会和国务院有关主管部门规定的其他文件; (2)为证券公司及其资产管理产品制作、出具财务报表审计报告、内部控制审计报告、内部控制鉴证报告、验资报告、盈利预测审核报告,以及中国证监会和国务院有关主管部门规定的其他文件
律师事务所	为首次公开发行股票、存托凭证及上市等证券活动制作、出具法律意见书
资产评估机构	(1)为证券发行、上市、挂牌、交易的主体及其控制的主体、并购标的等制作、出具资产评估报告,以及中国证监会和国务院有关主管部门规定的其他文件; (2)为证券公司及其资产管理产品制作、出具资产评估报告,以及中国证监会和国务院有关主管部门规定的其他文件

① 参见郭雳:《证券欺诈法律责任的边界》,载《中外法学》2010年第4期。

② 参见耿利航:《美国证券虚假陈述的"协助、教唆"民事责任及其借鉴——以美国联邦最高法院的判例为分析对象》,载《法商研究》2011年第5期。

③ 参见朱锦清:《证券法学》(第4版),北京大学出版社2019年版,第190页。

续表

证券服务机构种类	具体证券服务行为
资信评级机构	为中国证监会规定的评级对象制作、出具资信评级报告及提供相关评级服务
财务顾问机构	为上市公司收购、重大资产重组、合并、分立、分拆、股份回购、激励事项等对上市公司股权结构、资产和负债、收入和利润等具有重大影响的相关事项提供方案设计、出具专业意见等
信息技术系统服务机构	(1)重要信息系统的开发、测试、集成及测评; (2)重要信息系统的运维及日常安全管理

四、因果关系与过错要件的衡平

根据侵权行为法的思考层次,应先判断因果关系,再认定有无过失。前者属于事实要件,若侵害行为与权利受损之间无因果关系,则无讨论过失之必要。过错要件构造的层次性不足,量化空间不大,因此实践中一般将其转化为对因果关系强弱的探究。[①]《2003 年若干规定》明确了虚假陈述案件中的因果关系推定,只要在规定时间内买卖证券,因果关系即告成立,但允许被告提供反证来进行反驳。尽管法律完成了举证责任的倒置分配,但因果关系要件仍有必要予以分析。同理,《债券纪要》中明确提出"将责任承担与过错程度相结合",但结合的方式有待进一步在实践中予以解释。

(一)事实因果关系不明与比例因果关系

我国因果关系理论采英美法通说,分为事实因果关系与法律因果关系两个阶段,二者的判断遵循先后次序。第一层次的事实因果关系(factual causation)采用"若无,则不"的认定检验方式,如果没有侵权行为,则不会有此结果。其功能在于将造成某种结果无关的事物予以过滤。第二层次的法律因果关系(legal cause)主要考虑可预见性,具有法律上归责的机能,旨在合理移转因侵权行为所生的损害,属于价值判断。证券服务机构虚假陈述案件中,第二层级的可预见性往往较直观,专门从事证券服务活动的各服务机构掌握了比普通投资者多得多的信息量,执业规范的约束与执业经验的加成使机构对于虚假陈述行为所能导致的损害乃至于所蕴含的执业风险均有着较高水平的认知,且其专业性使之具备充分能力对此种风险予以控制。因此,第一层级的事实因果关系成为考察重点。

所谓事实因果关系不明的侵权,意指穷尽现有取证技术也无法确定行为是否为

---

① 参见叶金强:《相当因果关系理论的展开》,载《中国法学》2008 年第 1 期。

特定损害的条件。此时转而以因果关系的客观存在性被可能性替代,淡化具体因果关系的证明标准。[①] 比例责任使原告只要成功证明了侵权行为引发了 X% 的损害或者侵权行为对损害结果施加了 X% 的风险系数,便可主张加害人负担 X% 的损害赔偿责任,[②]最终责任份额得以与其造成的损害比例大致相等。[③] 以往对于事实因果关系不明的研究往往聚焦于医疗、产品责任等领域,而忽略了证券纠纷民事责任之场合。发行人欺诈发行、证券服务机构虚假陈述等一系列风险因素均增加了损失发生的概率,共同造成了确定的投资损失,这属于事实因果关系不明的侵权纠纷,本应按照因果关系的比例来进行责任配比,救济受害人的损失并适当兼顾加害人针对责任承担的公平性需求。但是,虚假陈述案件中的因果关系推定使作为被告的证券服务机构承担起无因果关系的举证责任。因果关系要件的证成由法律推定,但无因果关系的证成却是"全无"的认定,证券服务机构极难从这一要件入手。

但这并不意味着比例因果关系在事实关系不明的虚假陈述案件中毫无用武之地。反过来想,若法院判决某证券服务机构对发行人应负的民事责任在5%范围内承担连带责任,则意味着其认为若该证券服务机构未实施虚假陈述行为,总体损失将相应缩减5%。或者说,若该机构出具的文件内不存在虚假陈述,则持有总涉案额5%体量证券的投资者将作出相反的投资决定。对这种模糊的概率问题,此时的5%实为法院在一定程度上采取比例因果关系理论而人为划定的界限。究竟责任边界几何,要看法官自由心证的合理程度。此时因果关系的比例数值应被视为法院综观多种因素而作出的法律评价,其中最关键的考察因素是过错和损害。得出的结论与其认为是事实认定,毋宁说是法院对比例因果关系的一种"制造"。[④]

为避免因果循环,牵连永无止境,必须确定条件之扩张界限。因果关系不仅是技术性的,更是一种法律政策之工具,乃侵权行为损害赔偿责任归属之法的价值判断。[⑤] 近期判决结果中呈现的"按比例的连带责任",在体现责任范围的精细化之余,尚有待充分考虑精细化划定的前提究竟为何。在"五洋案"中,法院通过一系列判决确认了原告资产管理公司和自然人投资者对发行人分别享有的债权,所有债权数额加总及其本息即发行人欺诈发行的民事赔偿责任范围。法院施加于不同证券服务机构之上

① 参见吴国喆:《事实因果关系不明侵权中比例因果关系的确定》,载《法学家》2020年第2期。
② 参见刘媛媛:《无意思联络数人侵权比例责任之适用》,载《西南政法大学学报》2018年第3期。
③ 参见王竹:《侵权责任法疑难问题专题研究》,中国人民大学出版社2012年版,第153页。
④ 参见吴国喆:《事实因果关系不明侵权中比例因果关系的确定》,载《法学家》2020年第2期。
⑤ 参见王泽鉴:《侵权行为》(第3版),北京大学出版社2016年版,第246页。

的具体比例数字,不能仅被视为自由裁量权的行使,更是法院在个案中对于各证券服务机构与损害结果之间关系的判定。将因果关系视为单摆之链条,责任范围便是摆线围绕轴心旋转所扫过的面积总和。因果关系是关键的责任控制机制,应予重视。

(二)抽象轻过失:非专家部分的一般注意义务之解释

对公开文件真实性负责的主体可分为五类:发行人、发行人的内部人、承销人(包括保荐人)、发行人的控制人、证券服务机构。除发行人负无过错责任外,其余四类人均承担过错责任。原告对构成要件承担证明责任,被告对免责事由承担证明责任。过错不是过错推定的构成要件,无过错是过错推定的免责事由,故而中介服务机构若能证明不存在过错,则免除责任。

证券服务机构虚假陈述案件中多涉及过失的主观归责问题。民法中的过失可分为重大过失和轻过失。后者进一步分为两类:一类是具体轻过失,指未按照管理自己事务的标准去管理他人事务,呈现因人而异的主观样态;另一类是抽象轻过失,即未尽到交易上必要注意义务,采取的是所涉交易领域的一般客观标准。侵权行为的过失指抽象轻过失,即欠缺善良管理人的注意义务,将加害人的现实行为以善良管理人(理性人)在同一情况下的当为行为来考量。加害人行为低于注意标准时,为有过失。此处借助类型化的客观归责,将行为人之职业、危害的严重性、被害法益的轻重与防范危害的成本①作为善良管理人注意义务(或勤勉义务)的主要判断因素。在过错推定将过错要件的举证责任转移给证券服务机构的情况下,机构需要通过证明其已经按照法律、行政法规、部门规章、行业执业规范和职业道德等规定的勤勉义务谨慎执业来摆脱过错要件。具体而言,证券服务机构应对专家部分履行特别注意义务,对非专家部分履行普通注意义务。在过错判定标准已然明晰的当下,如何在个案中解释和适用此种标准成为问题的核心。

在专家部分,证券服务机构欲尽到勤勉义务,须就该部分进行主动、全面调查,充分运用专业知识,落实核查各项数据,在调查核实的基础上有合乎情理的理由相信发行人的公开是真实、准确、完整的。合乎情理的标准指一个谨慎的成年人在管理自己的财产时应尽的注意义务和应有的勤勉(due diligence)。若证券服务机构自身对尽职调查业务制定了内部标准,则应遵循该标准从事业务活动。行业标准与业务规则的遵循是证券服务机构是否尽职的关键。此类行政处罚案例对于证券中介机构未勤

① 对于过失进行经济分析,典型例子是汉德公式(Learned Hand Formula of negligence)。See United States v. Carroll Towing Co., 159 F. 2d 169 (1947).

勉尽责的认定与司法认定基本一致,可以互参。[①]

相对专家部分,非专家部分的一般注意义务的解释空间相对更大。在“五洋案”中,杭州市中级人民法院认为锦天城律所、大公国际虽对非专家部分的财务数据仅负有一般注意义务,但应当对其中可能涉及债券发行条件、重大资产变化等数据给予关注和提示。[②] 该种思路似将非专家部分以及一般注意义务进一步二分,对与发行有着重要影响的非专家部分,须达到“关注和提示”的程度方履行了较高层次的一般注意义务。何为对发行有着重要影响,何为重大债权债务、重大资产变化,依然保留了较大的解释空间,且有拔高一般注意义务标准之嫌。

域外司法实践对于侵权责任的主观要件认定标准趋于宽松。东南融通被做空后迅速垮台,投资者起诉德勤会计师事务所作为该公司的审计人未尽到应有的职业关注和职业怀疑,未能发现相关异常信号。但是纽约南区联邦法院认为审计师已经有过相关努力,如根据市场舆情与客户进行了沟通、建议客户启动独立调查程序。从事后的角度观察,至多只能说明如果德勤会计师事务所执行了更有效的审计程序,发现欺诈行为的可能性会更大。但基于成本效益分析而没有对客户的收入予以函证等行为并不违反审计准则,主观上只是疏忽或懒惰从而被审计对象欺骗,而非放任或有意无视。只有审计师未能真诚或理性地(genuinely or reasonably)信任自己表达的意见,才构成不合理的意见。我国最新审判动向亦如是。上海市高级人民法院在“中安科案”的二审改判,大幅调整了一审法院对券商和会计师事务所对全部损失承担连带责任的认定,判决招商证券对发行人付款义务在25%的范围内承担连带责任,瑞华会计师事务所的连带责任范围则被限缩至15%。对此,券商和会计师事务所表示服判,不再申请再审监督程序。判决书的说理部分虽未叙明调减证券服务机构的逻辑,但对部分连带责任形态和适度的责任比例划定之认同可见一斑。

(三)信息距离理论在过错要件判定中的运用

由于可归责于机构的原因,信息披露存在瑕疵并导致了投资者的误判,因而机构应当担责。然而,作为信息源头的发行人亦是虚假陈述开启的源头,只可能发行人有责而机构无责,不可能发行人无责而机构有责。机构在非独立输出信息的同时独立输出了信用,[③]此种信息和信用的错配进一步引发责任划定的问题。

---

① 如中国证监会〔2019〕62号、〔2019〕36号、〔2018〕115号行政处罚决定书等。

② 杭州市中级人民法院民事判决书,(2020)浙01民初1691号。

③ 参见缪因知:《证券虚假陈述赔偿中审计人责任构成要件与责任限缩》,载《财经法学》2021年第2期。

经济人假设意指决策者知晓其自身利益,并在给定的可支配信息基础上以理性的方式最大化其自身利益。信息弥散在整个证券市场当中,“收集”起来十分困难。由于获取信息需要付出时间成本与金钱代价,投资者也可以选择性地放弃了解信息或者不去思考细节,即所谓的理性疏忽。[①] 作为有限理性的表现形式,理性疏忽客观存在且造成了一定的信息不对称,但因其内生于有限理性人而无法克服,法律并不对其进行调整。在理性疏忽之外,若投资者持有的信息因被发行人或证券服务机构操纵而有所缺漏,由之作出的投资决策未及掌握全部事实所作出的决定明智,所造成的投资损失应由机构承担赔偿责任。

证券法的立法目的是保护投资者,具体而言是保护投资者的知情权。为此,证券法以证券的发行和交易行为作为主要规范内容,以信息公开作为主要规范手段。投资者在信息占有上的公平是以公开为基础的。信息是证券交易的根本前提,证券法的立法目的就是创设一个公平占有信息的制度。根据信息经济学理论,信息距离的决定因素有三:信息的编码程度、抽象水平与接收方的知识基础。[②] 在证券市场中,信息距离主要体现于证券服务机构与初始信息源(发行人)之间和投资者与证券中介机构之间。证券中介机构投入知识编码和抽象方面的劳动量越多,信息的创新成本越高。[③] 博伊索特(Boisot)认为,编码和抽象通过去除了冗余数据,实现数据处理集约,缩短信息与投资者的距离,由此证券服务机构将信息推向了市场上的投资者。[④] 证券服务机构作为一类中介机构,在证券交易活动中扮演了信息中转节点的关键角色。在证券服务机构虚假陈述纠纷的语境下,为了厘清不同机构过错判定的差异化标准,应当重点考虑第一种信息距离。与发行人之间的信息距离影响证券服务机构接受并使用各类信息的可能性与转入成本,该可能性与信息距离成反比,转入成本与信息距离成正比。

(四)证券服务机构责任标准的横向比较

考虑各证券服务机构的差异化分工,因此勤勉义务的认定即过错的判定标准也应当差异化,且该标准上的差异化正是源于具体证券服务业务。据此,可以绘制证券

---

① 参见[美]托马西:《市场是公平的》,孙逸凡译,上海社会科学院出版社 2016 年版,第 138 页。

② 王浣尘对信息距离的经典定义是“信息状态转移距离(DIT)是其转移概率倒数的对数值”。因本文只涉及信息距离的定性分析,故而只抓取了三个决定因子,未严格按照该定义进行定量研究。

③ 参见纪慧生、陆强:《知识交易与知识定价模型研究》,载《华东理工大学学报(社会科学版)》2010 年第 1 期。

④ 参见[英]马克斯·H. 博伊索特:《知识资产——在信息经济中赢得竞争优势》,张群群译,上海人民出版社 2005 年版,第 69 页。

服务活动中信息距离的评价矩阵。

深圳市中级人民法院在“银信案”参照《2007 年若干规定》第 6、10 条，判令银信公司应就其负有责任的部分承担赔偿责任，其参照适用的理由为“虽然会计师事务所审计业务和评估业务侧重有所不同，相应判断会计师执行职务时谨慎注意义务的侧重也应有所不同，但没有本质区别”，但其未能叙明各证券服务机构之间为何实质相似乃至于可以参照最高人民法院关于会计师事务所的司法解释到涉案资产评估公司之上。《2007 年若干规定》并非判决的法律依据，但在法院说理部分中占据了主要部分。法院采用的法律方法名为“参照”，实为类推，未经说明理由直接将会计师事务所与资产评估公司的民事侵权赔偿责任相混同，似有不妥。

与之相比较，“华泽钴镍案”的处理似更妥帖。成都市中级人民法院围绕着“权责相一致”的原则，提出承担责任的范围应当与其主观过错程度相匹配，并尝试在共同侵权中分别评价各证券服务机构的主观过错程度。由于会计师事务所负责财务审计工作，理应对发行人的财务异常通过审计手段及时发现并披露，因此其勤勉尽责义务较证券公司更高，属于特别注意义务而非一般注意义务。[①] 该判决突破了以往“一刀切”的裁判思路，展示出横向比较思维。该院实质采用了信息距离理论，认为会计师事务所与发行人的财务异常这一信息的距离要短于证券公司，其采集、分析该信息的能力更强，充分理解并向市场传递该信息的可能性更大，因此该信息落入会计师事务所的勤勉义务的射程范围之内。一旦其未充分把握信息优势，出现虚假记载、误导性陈述或重大遗漏，则是对勤勉义务的违反，从而存在主观过错。其他服务机构不仅间隔财务信息的距离更远，而且可以必须遵循的业务准则少于会计师。如律师通常被认为应当创新性地提出新的法律安排。相较而言，律师的声誉资本功能也低于会计师。比如，安然事件爆发后，律所受到的波及较小一些。[②]

五、服务机构虚假陈述赔偿责任边际的要件化进路

2021 年 5 月，成立不久的北京金融法院将蓝石资产诉兴业银行、利安达会计师事务所、联合资信、辽宁知本律师事务所证券虚假陈述责任纠纷案作为“1 号案件”，正

① 成都市中级人民法院民事判决书，(2019)川 01 民初 2202 号。

② 参见[美]乔纳森·梅西:《声誉至死:重构华尔街的金融信用体系》，汤光华译，中国人民大学出版社 2015 年版，第 26 页。

式开庭审理。[①] 这是我国各地审判实践的一个缩影,反映出虚假陈述责任纠纷的普遍性和重大性。随着我国证券市场不断完善,虚假陈述的诉讼浪潮势不可当,证券服务机构的虚假陈述赔偿责任作为此类案件的核心争议焦点,亟待划归理论框架,明晰分析进路,得到更为合理和妥善的解决。

回顾以往,通常是出于审判成本和执法成本外部化的驱动,司法机关和行政机关倾向于在相关文件中对市场主体课以不必要的社会责任,使审判思路与道德倡议相混合,不利于指引各级人民法院法律适用之目的的实现。经济学在抽象层面指出,自利既不好也不坏。它是适者生存的结果,源于分工合作的需要。在健全的法律和监管体系下,通过激励利益最大化、竞争和创新行为,中性的欲望可以成为创新和经济增长的引擎。然而,如果没有适当的制度和监管约束,中性的欲望将退化为寻租、腐败和犯罪。市场不仅依赖参与者的利己主义,还要求他们具有建立信任的重要能力,因为没有什么比纯粹的自私自利更能腐蚀信任的了。[②] 当然,我们也不必走向另一个极端,变成纯粹的利他主义者。市场本身就是竞争与合作的艺术,两者之间总是保持着微妙的平衡。保护投资者尤其是中小投资者是政策和法律的行动目标,而不会成为证券服务机构等市场主体的内生动力,法律等亦不必将此种社会公益价值目标强行施加于证券服务机构之上,以矫正之名改变机构的行为决策。谨防虚假陈述类诉讼成为刚性兑付机制,而大大提高市场主体特别是中小微企业、民营企业、初创企业的融资成本,破坏我国正在进行的营商环境建设。服务机构虚假陈述赔偿责任的划定体现了边际思维,通过精细的增量调整,实现每个个案中各机构责任承担的合理边际变动(marginal change),基本进路正是回归侵权责任的要件化。损害行为、损害后果、因果关系和过错作为侵权法理论的四大要件,支撑起证券法律法规的法律解释方法和具体法律适用,引导当事人及更多的市场主体理性看待证券市场民事赔偿问题,从主体责任转向行为责任,从连带责任转向部分连带责任,从等量齐观的责任标准转向差异化的过错判定。当制度环境的构建相对完善时,这些机构便能在法定框架内实现自身利益的最大化,同时达成社会总效益的最大化和中小投资者的保护。

---

① 《北京金融法院组成7人合议庭公开开庭审理"1号案"》,载北京金融法院网2021年5月25日,https://bjfc.bjcourt.gov.cn/cac/1621989021428.html。

② 参见[法]让·梯若尔:《共同利益经济学》,张昕竹译,商务印书馆2020年版,第13页。

注册制视阈下我国“看门人”职责的厘清与配置

沈　伟[*]　沈平生[**]

摘　要：在2019年《证券法》颁布和注册制全面推行背景下，资本市场中监管机构行政规制相对弱化，市场化程度更高，证券中介机构权责随之压实与强化。尽管中介机构“看门人”职能进一步凸显，资本市场相应规章制度却依然未能随之匹配，中介机构之间注意义务区分不明、免责事由缺乏等沉疴旧疾依然存在。为了优化注册制视阈下中介机构把守资本市场的“看门人”职责，本文拟在厘清证券中介机构、勤勉尽责、注意义务等基本概念的基础上，以保荐机构、会计师事务所、律师事务所为主要撰文对象，参考美国、日本、我国香港特别行政区等境外法律制度，对如何配置和加强证券中介机构“看门人职责”提出相应建议。

关键词：看门人机制　注册制　勤勉尽责　注意义务

2019年修订的《证券法》标志着资本市场证券发行核准制的取消和注册制的全面推行实施。① 同时，2020年作为科创板推出后平稳运行的首个完整年度，共有215家企业在科创板成功上市，总市值达3.49万亿元。其中，2020年成功IPO（Initial

---

* 上海交通大学凯原法学院教授、博士研究生导师；英国伦敦政治经济学院博士。

** 上海交通大学凯原法学院硕士研究生。

① 《科创板一周年：破冰、疾进、共赢》，载新浪财经，https://finance.sina.cn/fund/jjgdxw/2020-07-28/detail-iivhvpwx7823789.d.html。

Public Offerings)达 145 家,[①]累计融资共计 2226.22 亿元。[②] 作为资本市场改革"试验田",科创板的上市包容性、品牌示范性和行业引领性已跃然显现。《创业板改革并试点注册制总体实施方案》指出:"……推进创业板改革并试点注册制,是深化资本市场改革、完善资本市场基础制度、提升资本市场功能的重要安排。"[③]在深圳证券交易所创业板实行注册制,是全面贯彻落实新《证券法》的具体体现,是推进资本要素市场化配置的重要措施,是为全市场推行注册制改革积累经验。[④] 这些措施标志我国资本市场改革已经正式进入攻坚阶段,能为建设规范透明的资本市场增加活力和韧性。

一、挑战:注册制视阈下中介机构的角色转型与问题

(一)注册制视阈下中介机构的责任重构

自 1990 年股市建立以来,我国资本市场历经额度制、审批制、核准制再到注册制的变迁历程。1998 年《证券法》第 10 条规定,公司上市证券发行业务需要报经监督机构审批,[⑤]这一规定确立了核准制在我国资本市场近 30 年的基础地位。核准制(substantive regulation),是指由法律明文规定发行所需要的实质性条件,在发行证券准备中,发行人须证明其具备实质条件,以公开文件的形式向监管机构申报,经监管机构审核确认发行人具备实质条件后,发行人才能获得允许公开发行证券。[⑥] 在核准制下,除审查发行人所提交文件的形式性、完整性、准确性以外,监管机构还需要对信息中的实质内容加以审查。核准制背后的理论依据是硬父爱主义(hard paternalism)和准则主义(doctrine of standardization)。硬父爱主义,即管理人(或监管者)从保护

---

① 股票首次公开发行(Initial Public Offerings,IPO),是指拟上市公司首次在证券市场公开发行股票募集资金并上市的行为。通过 IPO,发行人不仅募集到所需资金,而且对以募集方式设立股份有限公司的单位完成了公司的设立,对已经设立的股份有限公司实现了股票公开发行。参见郑波:《IPO 审计问题研究》,辽宁大学出版社 2018 年版,第 1 页。

② 《科创板 2020 年榜单全面揭晓! IPO 成功闯关 145 家》,载凤凰网财经 2021 年 1 月 2 日,https://finance.ifeng.com/c/82gIxkX0PFb。

③ 《习近平主持召开中央全面深化改革委员会第十三次会议》,载国务院新闻办公室网站 2020 年 4 月 27 日,http://www.scio.gov.cn/tt/xjp/Document/1678113/1678113.htm。

④ 《创业板改革并试点注册制介绍》,载深圳证券交易所官网,http://investor.szse.cn/gemcolumn/introduce/t20200601_577925.html。

⑤ 1998 年《证券法》第 10 条规定:"公开发行证券,必须符合法律、行政法规规定的条件,并依法报经国务院证券监督管理机构或者国务院授权的部门核准或者审批;未经依法核准或者审批,任何单位和个人不得向社会公开发行证券。"

⑥ 陈甦:《证券法专题研究》,高等教育出版社 2006 年版。

当事人不受伤害、增加当事人利益的善意角度出发,罔顾当事人想法,以个人主观意志限制其自由的行为。[①] 准则主义则以社会安全和公共利益为本位,以严苛的制度约束排斥投资者的合理选择和发行人的自由。[②] 核准制的背后折射出政府"维护秩序"和"怀疑市场"的监管理念。由于中国证监会掌握股票发行的权力,市场主体过度依赖监管机构,投资者丧失自主判断投资价值和自担风险的能力,而监管机构承担了过多责任和压力,导致本应履行"看门人"职能的中介机构不断被边缘化。最突出的问题是,核准制人为提高准入门槛,但又不能真正预防劣质公司上市,通过材料造假、权力寻租等方式突破监管的个案此起彼伏。[③]

2019年《证券法》第9条确立了证券发行注册制的合法地位。[④] 注册制是指证券发行人依照法律规定,将证券发行的必要信息和资料制作成正式法律文件予以披露,并提交证券监管部门予以审查,而证券监管部门则对文件真实性、准确性、完整性和及时性进行形式意义上的审查,即并不强制要求企业为高质量企业,只要证券发行人的申请信息披露齐全,即可获准注册上市。[⑤] 注册制以公开主义、披露哲学(disclosure philosophy)为理论依据,[⑥]以信息披露为关键,由市场主体对发行人的资产负债结构、盈利能力、投资价值作出判断。[⑦] 与核准制相比,注册制能够减轻监管机构的负担,提高监管效率,促使投资者提高投资判断能力;[⑧]同时能够减少资源损耗,提高证券市场有效性。[⑨]

随着2019年《证券法》助推资本市场进入法治新阶段,监管部门、证券交易所、中介机构等各方主体角色和职能将面临洗牌和重构,监管者也进一步从事前向事中、事后转移。[⑩]

---

① 父爱主义(Paternalism),是指像父亲那样对待孩子的行为方式。有学者观点将法律父爱主义分为软(soft)父爱主义和硬(hard)父爱主义。参见孙笑侠、郭春镇:《法律父爱主义在中国的适用》,载《中国社会科学》2006年第1期。

② 万国华:《证券前沿问题研究》,天津人民出版社2002年版,第72页。

③ 张新、朱武祥等:《证券监管的经济学分析》,上海三联书店2008年版,第161页。

④ 2020年《证券法》第9条规定:"公开发行证券,必须符合法律、行政法规规定的条件,并依法报经国务院证券监督管理机构或者国务院授权的部门注册。未经依法注册,任何单位和个人不得公开发行证券。"

⑤ 田利辉等:《中国金融变革和市场全景(南开金融发展报告)》,南开大学出版社2018年版,第135页。

⑥ 李燕、杨淦:《美国法上的IPO"注册制":起源、构造与论争——兼论我国注册制改革的移植与创生》,载《比较法研究》2014年第6期。

⑦ 冷静:《注册制下发行审核监管的分权调整》,载《法学评论》2016年第1期。

⑧ 顾连书、王宏利、王海霞:《我国新股发行审核由核准制向注册制转型的路径选择》,载《中央财经大学学报》2012年第11期。

⑨ 刘黎明主编:《证券法学》,北京大学出版社2006年版,第48页。

⑩ 郭霁:《抓实"关键少数" 强化中介职责》,载《证券日报》2020年4月29日,A03版。

根据证监会发布的相关文件显示,[①]中国证监会事前实质审核权力进一步“隐退”,并不直接参与发行上市审核,而是根据要点监督交易所审核工作,成为纯粹的执法机关。交易所负责发行人注册工作,以发行人、中介机构提供的信息披露文件为基础,审查申请文件的真实性、准确性、合规性、连贯性,并通过公开问询的方式接受市场监督。承担审查、核验、监督发行人信息披露和保证拟发行证券品质义务的中介机构责任得到了重构和细化,进一步凸显“看门人”功能:第一,在2019年《证券法》第160条中,律师事务所被正式纳入证券服务机构,[②]中介机构未勤勉尽责的,行政处罚幅度也得以强化,从原来最高业务收入5倍的罚款提升至10倍;[③]第二,逐步明确中介机构职责配置分工,不再要求中介机构一概承担连带责任,而是对专业范围内的文件承担责任;第三,通过设置问询审核制度,确保中介机构持续审慎核查发行人真实情况,对从业人员业务能力和风险控制水平提出更高更严的要求。如此转变之下,监管机构通过严格的事中、事后监管,促使中介机构更主动、更尽责地扮演好“看门人”的角色。

(二)立法改革遗留的相关未决问题

虽然在推行注册制下,在明确中介机构责任上取得了显著进步,但实际上依然存在亟待完善的部分。回溯改革历史进程,中国证监会在2003年时首次确立并实施保荐人制度,[④]规定新股发行需要获得在中国证监会注册、获取保荐机构资格的证券公司推荐。[⑤] 此后我国证券市场便长期形成了“保荐人牵头、其他机构辅助”的基本模式。然而在课以保荐人沉重责任的同时,也导致中介机构责任划分边界不清、比重失衡、注意义务判断标准界定困难以及免责标准不清等问题。具体而言,中介机构之间

---

① 例如,《科创板首次公开发行股票注册管理办法(试行)》第23条规定:“中国证监会收到交易所报送的审核意见、发行人注册申请文件及相关审核资料后,履行发行注册程序。发行注册主要关注交易所发行上市审核内容有无遗漏,审核程序是否符合规定,以及发行人在发行条件和信息披露要求的重大方面是否符合相关规定。中国证监会认为存在需要进一步说明或者落实事项的,可以要求交易所进一步问询。中国证监会认为交易所对影响发行条件的重大事项未予关注或者交易所的审核意见依据明显不充分的,可以退回交易所补充审核。交易所补充审核后,同意发行人股票公开发行并上市的,重新向中国证监会报送审核意见及相关资料,本办法第二十四条规定的注册期限重新计算。”同样规定参见《创业板首次公开发行股票注册管理办法》的第18、19条。

② 2019年《证券法》第160条:“会计师事务所、律师事务所以及从事证券投资咨询、资产评估、资信评级、财务顾问、信息技术系统服务的证券服务机构……”

③ 2019年《证券法》第182条:“保荐人出具有虚假记载、误导性陈述或者重大遗漏的保荐书,或者不履行其他法定职责的,责令改正,给予警告,没收业务收入,并处以业务收入一倍以上十倍以下的罚款……”

④ 保荐人制度,是指有资格的保荐人推荐符合条件的公司公开发行和上市证券并对所推荐的发行人披露的信息质量和所作承诺提供审慎核查、持续训示、督促、辅导、指导和信用担保的制度。

⑤ 2003年《证券发行上市保荐制度暂行办法》第2条规定:“本办法适用于股份有限公司首次公开发行股票和上市公司发行新股、可转换公司债券。”第3条规定:“证券经营机构履行保荐职责,应当依照本办法的规定注册登记为保荐机构。”

存在的问题包括以下方面。

1. 注意义务区分标准不明晰,解释范围过宽过大,实践中缺少可操作标准。根据相关规定,证券服务机构应审慎履行职责,对与其专业职责有关的内容和文件负责,对专业领域范围内的事项履行特别注意义务,对专业范围外的业务事项履行一般注意义务。然而,相关法律文件未明确解释“特别注意义务”和“一般注意义务”的具体内涵。① 即使在中国证监会2020年8月7日发布的最新征求意见通知中,也依然未能清晰解释和区分注意义务。② 对“一般注意义务”“特别注意义务”不同角度和意义上的解读,在以往实践中也引发了证券中介机构与监管部门对簿公堂的僵局。例如,在欣泰电气欺诈发行案中,中国证监会认为,东易律师事务所“工作底稿中保存的询证函、承诺函、访谈纪要等,大多数直接取自兴业证券”,东易律师事务所未核查验证其他中介机构所出具的工作底稿资料,程序必要环节缺失,未尽到一般注意义务。③ 而东易律师事务所则认为,欣泰电气案主要焦点集中在财务问题(欣泰电气通过外部借款来虚构应收账款等)而律师事务所无须对财务问题进行查验,东易律师事务所已尽到一般注意义务。如果注册制下保荐机构与其他中介机构的职责分工、各中介机构的核查标准仍不明确,上述争议仍会存在,仍有可能引发中介机构与中国证监会、各中介机构之间的诉讼等一系列问题。④

2. 不同注意义务下责任承担不明,缺失免责标准。2019年《证券法》规定的归责原则为过错推定原则,⑤然而未明确免责标准的具体情形。实践中专业文书相互引用、相互担保情形比比皆是,中介机构职责混杂难以区分,免责标准的缺失引发众多

---

① 《科创板首次公开发行股票注册管理办法(试行)》第7条规定:“证券服务机构应当严格按照依法制定的业务规则和行业自律规范,审慎履行职责,作出专业判断与认定,并对招股说明书中与其专业职责有关的内容及其所出具的文件的真实性、准确性、完整性负责。证券服务机构及其相关执业人员应当对与本专业相关的业务事项履行特别注意义务,对其他业务事项履行普通注意义务,并承担相应法律责任。”在《创业板首次公开发行股票注册管理办法(试行)》第8条中同样有相关规定。

② 《公司债券发行与交易管理办法(征求意见稿)》第50条规定:“……证券服务机构及其相关执业人员应当对与本专业相关的业务事项履行特别注意义务,对其他业务事项履行普通注意义务,并承担相应法律责任……”与科创板和创业板相关文件的条文相比,并无进步之处。

③ 参见《中国证监会行政处罚决定书》(〔2017〕70号)。

④ 夏东霞、范晓:《科创板注册制背景下对中介机构“看门人”角色的再思考》,载《财经法学》2019年第3期。

⑤ 2019年《证券法》第85条规定:“信息披露义务人未按照规定披露信息,或者公告的证券发行文件、定期报告、临时报告及其他信息披露资料存在虚假记载、误导性陈述或者重大遗漏,致使投资者在证券交易中遭受损失的,信息披露义务人应当承担赔偿责任;发行人的控股股东、实际控制人、董事、监事、高级管理人员和其他直接责任人员以及保荐人、承销的证券公司及其直接责任人员,应当与发行人承担连带赔偿责任,但是能够证明自己没有过错的除外。”第163条规定:“……其制作、出具的文件有虚假记载、误导性陈述或者重大遗漏,给他人造成损失的,应当与委托人承担连带赔偿责任,但是能够证明自己没有过错的除外。”

法律问题和案例。例如,信达证券主张“相关材料引用会计师的存货盘点文件,但未对文件进行审慎核查和独立判断”。① 在行政处罚听证期间,金元证券也提出“其他同行中介机构提供虚假材料进而误导判断”的申辩意见。② 由于各专业机构受制于各专业领域不同和能力局限,各类文书相互引用的情形不可避免。然而目前注册制改革并没有明确免责标准和责任分配,从而在事后判断不同中介机构是否达到勤勉尽责标准时,难以判断其是否构出“过失”,进而造成责任承担上语焉不详的尴尬境地。

如何通过制度设计保证中介机构切实承担起“看门人”职责、发挥勤勉尽责责任,是本文的中心主题。本文拟以相应法律法规、科创板和创业板注册制改革的相关文件为基础,以中介机构各自的专业属性与职能范围为中心,划分不同中介机构对应的注意义务,对一般与特别注意义务的界限进行细化,并根据注意义务不同进而对应提出免责标准。③ 通过参考境外中介机构责任划分模式,厘清我国中介机构勤勉尽责责任体系的改良思路。

二、澄清:勤勉尽责责任体系的具体内涵

近期一系列法律修订和制度变革,在不断扩大证券中介机构职责范围的同时,也压实了其所负担的法律责任。而在构建中介机构勤勉尽责责任体系之前,有必要对相关理论及主体概念进行明晰。

(一)相关概念词义及范围明晰

1.“看门人”机制

何为“看门人”? 这一术语由来已久,并广泛应用于各个社会科学领域。由于法学各个学科研究内容和价值导向具有差异,因此应当把“看门人”限缩在公司法领域。在公司法领域,“看门人”具体含义为“通过担保或抵押在证券市场长期运行积累起来的声誉资本,向投资者保证发行人或上市公司拟发行证券品质的中介结构”。④ 必须承认,证券发行人天然逐利的本性决定其在上市过程中会选择部分隐瞒甚至错误披露信息,通过虚构公司资产以做高市场评估价值。为了阻止发行人欺诈、保护投资

---

① 参见《中国证监会行政处罚决定书》(〔2016〕109 号)。

② 参见《中国证监会行政处罚决定书》(〔2019〕70 号)。

③ 张文越:《科创板中介机构勤勉尽责责任研究——基于注意义务之区分》,载《浙江金融》2019 年第 10 期。

④ John C. Coffee Jr., *Understanding Enron: It's about the Gatekeepers, Stupid*, Business Lawyer 57(2002).

者,各国证券立法均对中介机构施以外部职责规范,并规定了相应责任。[①] 作为第三方执行机制,中介机构往往扮演以下角色:(1)阻止市场交易中的不当行为。中介机构对证券发行享有准入权,一旦对瑕疵交易行使否决权,发行人则无法顺利进入资本市场。[②] (2)以"职业声誉"作为担保,凭借专业知识和技能调查和审核发行人的真实情况,向投资者保证拟发行证券符合质量标准,确保投资风险。作为证券市场"重复博弈者","看门人"在长期经营和服务中,凭借专业素质获取发行人信赖,通过自由竞争在同业间形成声誉等级差别,进而积累起声誉资本。中介机构正是以声誉资本作为保障,说服投资者信赖发行人信息披露的真实性和证券发行质量。[③] 例如,在IPO项目中,发行人所出具的财务报表需要经受会计师事务所、律师事务所等中介机构层层审查核验,相关证券评级机构也会对其所出具的数据进行审核客观评级,确保上市公司所出具的各项资料保持真实性。(3)分担监管职责,构建事前、事中、事后多重监管。在资本市场中,中介机构扮演着监管部门得力助手的角色,不仅在事前对拟发行上市的公司承担辅导上市、完善合规体系的任务,在事后当发现不当行为时,也要及时披露并发起调查,对不当行为进行报告和补救。[④] 独立公正的中介机构能够降低"柠檬市场"中信息不对称程度,有效减少市场上的逆向选择和道德风险。[⑤]

2."勤勉尽责"和注意义务

中介机构需承担的"勤勉尽责"义务,由英美法系下信托制度中所提出的信义义务发展而来,主要内容是受托人为委托人利益服务时,在履行过程中所应有的谨慎态度和注意义务。[⑥] 对勤勉尽责的认定,可以从两个角度出发:从主观标准来看,受托人在履行义务时应当保证个人诚实勤勉、谨慎尽职,运用自己的能力和经验完成事务;而从客观标准来看,受托人仅要求在较高程度上去履行个人职责,并未要求达到完美无瑕的程度,如果能力要求超出常理,则能力欠缺可作为免责事由。[⑦]

---

① 郭雳:《证券律师的行业发展与制度规范》,法律出版社2013年版,第64页。

② 例如,承销商发现证券发行人信息披露存在严重不足,可以拒绝承销;同样,如果审计师或律师发现客户财务报表或者信息披露存在重大问题,可以拒绝出具相关专业意见,由于这些意见是交易必要条件,最终将会阻止交易的完成。参见[美]约翰·C.科菲:《看门人机制:市场中介与公司治理》,黄辉、王长河等译,北京大学出版社2011年版。

③ [美]约翰·C.科菲:《看门人机制:市场中介与公司治理》,黄辉、王长河等译,北京大学出版社2011年版,第3页。

④ Arthur B. Laby, *Differentiating Gatekeepers*, Brooklyn Journal of Corporate, Financial & Commercial Law 1 (2006).

⑤ 席龙胜:《内部控制信息披露管制研究》,中国经济出版社2016年版,第191页。

⑥ 刘志云、龙稳全:《论完善投资银行勤勉义务规制的路径选择》,载《南京大学学报(哲学·人文科学·社会科学)》2018年第6期。

⑦ 陈承、高炳巡:《法律尽职调查中律师勤勉尽责义务界定探析》,载《哈尔滨学院学报》2015年第7期。

在证券交易中，证券中介机构所担负的“勤勉尽责”义务来源除发行人委托、职业道德之外，主要来自法律规定。除了《证券法》进行原则性规定，上海证券交易所和深圳证券交易所（以下合称为沪深交易所）在对科创板、创业板的改革中，将对专业机构出具文件的要求深化为“一般注意义务”和“特别注意义务”。然而注意义务范围过于宽广且标准模糊，在缺少官方定义的情况下，我们可以借鉴民法学者对注意义务的研究。相关学者曾经以行为人的职业特性为标准，将注意义务分为普通注意义务和高度注意义务（与“一般”“特别”之分并无实质差异，仅称谓不同，以下统称为一般和特别）。一般注意义务，指以社会普通人为标准应有的义务，而特别注意义务则是指特定的职业人员（“专家”，如通常意义上的高薪行业，包括律师、医生和注册会计师等）所应具有的注意义务。① 对特别注意义务，应当以善良管理人的注意水平为标准，即“具有相当知识和经验的人对于一定事件的所应有的注意，并同时加以客观认定的标准”。② 具体来说，这种标准应取中等资质和能力从业人为标准（a reasonably competent practitioner），既高于行业初学者的专业水平，同时低于行业内顶尖人才的专业水准。③

3. 证券中介机构

作为证券发行者和证券投资者之间沟通和交易的桥梁，证券中介机构（另称为证券服务机构）是为证券发行、交易提供服务的各类机构。④ 通常在广义范围上，证券中介机构包括证券承销商、证券经纪商以及会计师事务所、律师事务所、资产评估机构、证券评级机构等。⑤ 而根据2019年《证券法》对相关证券中介机构提及频率的高低，中国证监会、沪深交易所发布的相关法律文件规定，以及考虑到其他中介机构在IPO过程中承担的职责和责任相对边缘与独立，⑥我们可以对涉及注册制改革的中介机构范围进行缩小，即狭义上的证券中介机构为保荐机构（证券公司）、律师事务所及会计师事务所。保荐机构在我国往往由证券公司担任，是为公司上市申请承担推荐、培训、核查等职责，向投资者担保上市公司信息披露的真实性、完整性等的证券公司。会计师及会计师事务所是接受委托从事审计和会计咨询、会计服务的持证执业人员

① 屈茂辉：《论民法上的注意义务》，载《北方法学》2007年第1期。

② 晏宗武：《论民法上的注意义务》，载《法学杂志》2006年第4期。

③ 刘燕：《“专家责任”若干基本概念质疑》，载《比较法研究》2005年第5期。

④ 赵武：《证券投资理论与实务》，西安电子科技大学出版社2012年版。

⑤ 曹建元主编：《证券投资学》（第2版），上海财经大学出版社2016年版，第102页。

⑥ 郭雳、李逸斯：《IPO中各中介机构的职责分配探析——从欣泰电气案议起》，载黄宏元、蔡建春、卢文道主编：《证券法苑》第23卷，法律出版社2017年版。

及组成机构。律师及律师事务所(限于证券律师)是指为发行和交易证券的公司所涉及的证券业务出具相关法律意见书,制作、修改、审查相关法律文件的专职律师及组成机构。①

(二)勤勉尽责的具体内涵

1. 一般性职责要求

只有当证券中介机构履职违反法律规定,才能认定其未尽勤勉尽责义务,因此应当从相关法律规范入手,来寻找证券中介机构恪守"勤勉尽责"的依据。2019年《证券法》第10、130条规定了保荐人(证券公司)的勤勉尽责、诚实守信责任,第160、163条规定了其他证券服务机构(会计师事务所、律师事务所等)的勤勉尽责、恪尽职守责任。中国证监会、沪深交易所也在各自颁布的部门规章和业务规则中不断重申2019年《证券法》的立法精神,②这等于为中介机构履行职责指明了应当坚持的方向。这些规定明确证券中介机构的基本义务是配合沪深交易所的自律管理,在规定时间里及时提交、报送、披露信息资料,对各专业机构制作、出具的文件负责,③不得有虚假记载、误导性陈述或者重大遗漏,此外,还应当保存好相关工作底稿和客户委托文件,核查和验证所出具文件依据的原始资料,保证一手引用的原始资料同样满足真实性、准确性、完整性的要求。④ 从上述相关规定看,对所公布专业文件的高品格、高质量负责,并且保存、核查和妥善验证原始资料,是对证券中介机构所提出的基本要求。

此外,除在公司上市前需作出专业意见说明,中介机构还担负持续审慎、尽职调

① 袁爱平主编:《金融证券律师非诉讼业务》,吉林人民出版社1998年版,第72页。

② 例如,证监会2020年修正的《科创板首次公开发行股票注册管理办法》的第6条提出,"保荐人应当诚实守信,勤勉尽责……"第7条提出,"证券服务机构应当严格按照依法制定的业务规则和行业自律规范,审慎履行职责"。在《创业板首次公开发行股票注册管理办法》中,同样分别通过第7、8条对保荐人和其他证券服务机构提出勤勉尽责的要求。

③ 根据《公开发行证券的公司信息披露内容与格式准则第29号——首次公开发行股票并在创业板上市申请文件(2020年修订)》申请文件附录规定,首次公开发行股票需要的具体文件有,(1)会计师:盈利预测报告及审核报告、财务报表及审计报告、内部控制鉴证报告、经注册会计师鉴证的非经常性损益明细表等;(2)发行人律师:法律意见书、律师工作报告、相关鉴证意见等;(3)保荐人:关于发行人符合创业板定位要求的专项意见、发行保荐书、上市保荐书、保荐工作报告等。

④ 例如,在《上海证券交易所科创板股票发行上市审核规则》第31条第3、4款规定:"……证券服务机构及其相关人员从事证券服务业务应当配合本所的自律管理,在规定的期限内提供、报送或披露相关资料、信息,并保证其提供、报送或披露的资料、信息真实、准确、完整,不得有虚假记载、误导性陈述或者重大遗漏。证券服务机构应当妥善保存客户委托文件、核查和验证资料、工作底稿以及与质量控制、内部管理、业务经营有关的信息和资料。"

查的职责。注册制改革的主要亮点之一就是发行及上市审核问询机制。① 和核准制不同,审核问询机制更强调发行人在信息披露中的第一责任和中介机构的审慎核查责任。② 例如在科创板下,通过层层问答的方式,对披露信息存疑之处重点问询,问答内容集中在是否符合科创属性、发行上市条件、财务瑕疵等实质性要点,直到发行人能提供合理的理由和依据消除合理怀疑。③ 如此对证券质量和投资价值便设置相应门槛。另外,在审核问询过程中,科技创新咨询委员会作为交易所专家咨询机构,也会在审核过程中给出专业咨询意见,具体包括科创板及发行人定位、交易所规则制定、发行人业务与技术问题、国内外相关技术最新发展动态等。④ 审核问询机制将发挥相关职能机构和权威专家的作用,对申报上市的企业从专业角度进行审核,通过询问和申报企业及中介机构的答复,来推动企业和中介机构更充分地披露信息,让投资者放心投资。在创业板下,同样需要经过时间总计不超过 3 个月的审核问询。深圳证券交易所主要关注发行人评估是否客观,保荐人推荐是否合理,并针对发行人是否符合创业板定位向行业咨询专家库中的专家提出咨询。⑤ 由上述可见,在问询机制下,中介机构毫无疑问会更加关注发行人的公司运作情况,进而弥补过去书面材料容易伪造、无法体现发行人真实运作情况的弊端。此外,当重大不当行为发生时,保荐人及证券服务机构会将可能影响发行人发行及针对上市条件的潜在风险及时出具意见说明,并上报给监管机构。

2. 专业性职责要求

2019 年《证券法》笼统规定了证券中介机构所应当承担的基本职责要求。而根据证券市场下不同中介机构的专业领域划分和职责要求的不同,以及中国证监会及

---

① 根据《科创板首次公开发行股票注册管理办法(试行)》第 19 条规定:"交易所设立独立的审核部门,负责审核发行人公开发行并上市申请;设立科技创新咨询委员会,负责为科创板建设和发行上市审核提供专业咨询和政策建议;设立科创板股票上市委员会,负责对审核部门出具的审核报告和发行人的申请文件提出审议意见。交易所主要通过向发行人提出审核问询、发行人回答问题方式开展审核工作,基于科创板定位,判断发行人是否符合发行条件、上市条件和信息披露要求。"问询制度经验同样在创业板改革中得以吸收,具体可参见《创业板首次公开发行股票注册管理办法(试行)》第 18 条。

② 盘和林:《问询式监管确保科创板信息披露真实有效》,载《证券日报》2019 年 4 月 27 日,A3 版。

③ 李有星、潘政:《科创板发行上市审核制度变革的法律逻辑》,载《财经法学》2019 年第 4 期。

④ 根据《上海证券交易所科技创新咨询委员会工作规则》第 9 条规定:"咨询委员会就下列事项提供咨询意见:(一)本所科创板的定位以及发行人是否具备科技创新属性、符合科创板定位;(二)本所《科创板企业上市推荐指引》等相关规则的制定;(三)发行上市申请文件中与发行人业务和技术相关的问题;(四)国内外科技创新及产业化应用的发展动态;(五)本所根据工作需要提请咨询的其他事项。"

⑤ 《创业板注册制来了! 首轮问询交易所重点关注什么?》,载新京报 2020 年 6 月 23 日,https://baijiahao.baidu.com/s?id=1670270096901341674&wfr=spider&for=pc。

沪深交易所发布的相关规定对中介职责的细化,保荐人、会计师和律师事务所应承担的专业性职责要求如表1所示。

表1 不同机构承担职责的法律依据及内容

机构类型	主要法律依据	主要责任
保荐人及保荐机构	《证券发行上市保荐业务管理办法》《证券发行与承销管理办法》《保荐人尽职调查工作准则》等①	(1)会计合规双重审核。“保荐人牵头责任模式”下,保荐人不仅要对发行人经营情况和风险进行全面核查验证,对发行人是否符合发行条件、上市条件独立作出专业审慎地判断,还要对发行人可能发生的法律问题(例如特别表决权股份安排以及特殊人员锁定期安排等)发表专业意见。 (2)核查验证文件。保荐人对发行上市申请文件进行全面核查验证,对招股说明书及其他中介机构所出具的相关文件的真实性、准确性、完整性负责②。 (3)定位判断。在科创板(创业板)下,保荐人须对发行人是否符合科创板(创业板)定位作出专业判断,并在完成尽职调查后出具关于是否符合定位要求的专项意见,并在该专项意见中披露相关核查过程、依据和结论。科创板和创业板都不约而同对拟上市公司提出“拥有核心技术、科技创新能力突出、符合高新技术和战略性新兴产业”的定位要求。③ (4)持续督导。保荐人在发行人成功于科创板(创业板)上市后,还有3个完整会计年度的持续督导义务,督导上市公司建立健全信息披露制度,风险内部控制制度,以及审阅信息披露及其他相关重要文件等④

① 在对兴业证券股份有限公司的行政处罚中,除引用《证券法》(2014年修正)第31、191、192条外,主要依据包括《证券发行上市保荐业务管理办法》第4、24、29、30条和《保荐人尽职调查工作准则》第2、4、6、41、46、50、51条的规定,参见《中国证监会行政处罚决定书》([2016]91号)。

② 《科创板首次公开发行股票注册管理办法(试行)》第6条规定:“保荐人应当诚实守信,勤勉尽责,按照依法制定的业务规则和行业自律规范的要求,充分了解发行人经营情况和风险,对注册申请文件和信息披露资料进行全面核查验证,对发行人是否符合发行条件、上市条件独立作出专业判断,审慎作出推荐决定,并对招股说明书及其所出具的相关文件的真实性、准确性、完整性负责。”在《创业板首次公开发行股票注册管理办法(试行)》第7条中同样有此规定。

③ 例如,在《上海证券交易所科创板企业上市推荐指引》中,第6条规定:“保荐机构应当准确把握科技创新的发展趋势,重点推荐下列领域的科技创新企业……”《深圳证券交易所创业板企业发行上市申报及推荐暂行规定》第3条规定:“支持和鼓励符合创业板定位的创新创业企业申报在创业板发行上市。保荐人应当顺应国家经济发展战略和产业政策导向,准确把握创业板定位,切实履行勤勉尽责义务,推荐符合高新技术产业和战略性新兴产业发展方向的创新创业企业,以及其他符合创业板定位的企业申报在创业板发行上市。”第5条第2款规定:“保荐人应当对该发行人与新技术、新产业、新业态、新模式深度融合情况进行尽职调查,做出专业判断,并在发行保荐书中说明具体核查过程、依据和结论。”

④ 《科创板首次公开发行股票注册管理办法(试行)》第59条规定:“首次公开发行股票并在科创板上市的,持续督导的期间为证券上市当年剩余时间及其后3个完整会计年度。交易所可以对保荐人持续督导内容、履责要求、发行人通知报告事项等作出规定。”

续表

机构类型	主要法律依据	主要责任
会计师及会计师事务所	《会计法》《注册会计师职业道德守则》《中国注册会计师审计准则》《企业会计准则》等①	(1)检验资产。对企业资产及负债情况进行检查并出具独立公正的验资报告。 (2)审计数据。审计会计数据,对发行人资料公正性、合法性、连贯性发表独立意见,保证发行人在招股说明书中财务会计资料真实完整,出具毫无保留意见的审计报告。② (3)协助建账。协助企业调整并建立符合规定的账目,确保符合会计准则和法律规范。 (4)核查内控。核查发行人内部控制制度是否健全完备及有效实施,出具内部控制鉴证报告③
律师及律师事务所	《律师法》《律师事务所从事证券法律业务管理办法》《律师事务所证券法律业务执业规则(试行)》《公开发行证券公司信息披露的编报规则第 12 号——公开发行证券的法律意见书和律师工作报告》等④	(1)独立出具法律意见书。律师主要按照行业标准、道德规范和职业精神,⑤对发行人相关法律事项进行专业核查和法律分析,保证法律意见书不存在虚假记载、误导性陈述和重大遗漏,并发表独立法律意见。⑥ (2)公司内部调整。协助公司内部结构、运作调整完善,保证发行上市所涉及的相关事项符合法律规定,避免出现上市后投资者利益受损的情形。⑦ (3)在注册制中律师事务所新增特别关注发行人关联交易、同业竞争、特别表决权安排以及掌握核心技术的技术人员的股份锁定期安排等事项。⑧ 律师事务所须对其出具的法律意见书及招股说明书中与其专业相关事项负责

① 在对瑞华会计师事务所的行政处罚中,除引用《证券法》(2014 年修正)第 173、223 条外,主要依据包括《中国注册会计师审计准则》第 1141 号第 21、22、26 条,第 1312 号第 17、18 条,第 1301 号第 10、15、23 条,参见《中国证监会行政处罚决定书》(〔2018〕126 号)。

② 《科创板首次公开发行股票注册管理办法(试行)》第 11 条规定:"发行人会计基础工作规范,财务报表的编制和披露符合企业会计准则和相关信息披露规则的规定,在所有重大方面公允地反映了发行人的财务状况、经营成果和现金流量,并由注册会计师出具标准无保留意见的审计报告……"在《创业板首次公开发行股票注册管理办法(试行)》第 11 条第 1 款中同样有此规定。

③ 《科创板首次公开发行股票注册管理办法(试行)》第 10 条规定:"……并由注册会计师出具无保留结论的内部控制鉴证报告。"在《创业板首次公开发行股票注册管理办法(试行)》第 11 条第 2 款中同样有此规定。

④ 在对大成律师事务所的行政处罚中,除引用《证券法》(2014 年修正)第 173、223 条外,主要依据包括《律师事务所证券法律业务执业规则(试行)》第 4、5、11、14、26 条,《律师事务所从事证券法律业务管理办法》第 12 条第 1 款,参见《中国证监会行政处罚决定书》(〔2019〕62 号)。

⑤ 法律意见书中存在虚假陈述并不足以单独认定律师法律责任,还必须没有遵照行业公认业务标准和道德准则。参见彭冰:《证券律师行政责任的实证研究》,载《法商研究》2004 年第 6 期。

⑥ 《律师事务所从事证券法律业务管理办法》第 13 条规定:"律师事务所及其指派的律师从事证券法律业务,应当依法对所依据的文件资料内容的真实性、准确性、完整性进行核查和验证。"

⑦ 郭雳、李逸斯:《IPO 中各中介机构的职责分配探析——从欣泰电气案议起》,载黄宏元、蔡建春、卢文道主编:《证券法苑》第 23 卷,法律出版社 2017 年版,第 10 页。

⑧ 《科创板首次公开发行股票注册管理办法(试行)》第 42 条第 2 款规定:"保荐人和发行人律师应当就公司章程规定的特别表决权股份的持有人资格、特别表决权股份拥有的表决权数量与普通股份拥有的表决权数量的比例安排、持有人所持特别表决权股份能够参与表决的股东大会事项范围、特别表决权股份锁定安排及转让限制等事项是否符合有关规定发表专业意见。"在《创业板首次公开发行股票注册管理办法(试行)》第 42 条中同样有此规定。

三、境外中介机构责任立法规定

为了督促和监督中介机构履行“看门人职责”,不同国家、地区对证券中介机构责任划分采取了不同的立法模式。考察美国、日本以及我国香港特别行政区在划分中介机构责任、设立免责标准上的不同模式,可以为我国注册制背景下中介机构责任的明确和改革提供可参考的思路。

(一)美国法:“区分责任”模式

美国法主要通过《1933年证券法》(Securities Act of 1933)、《1934年证券交易法》(Securities Exchange Act of 1934)及司法解释规定了中介机构“区分责任”模式,立法者对发行人采用严格责任原则,对其他参与方采用过错推定原则。《1933年证券法》第11条详细规定了因虚假注册登记表引起的民事责任,当注册登记表的任何部分在生效时被发现含有对重大事实的虚假陈述或材料遗漏时,任何证券购买者(除非在购买该证券前对陈述不实或材料遗漏已经知情)都可以向有管辖权的法院提起诉讼。第11(a)条详细列举了投资者可诉对象的范围,包括对虚假注册登记表负有法律责任的自然人和法人机构,[①]第11(b)条详细列举除发行人外的其他相关责任人的免责事由,[②]即除发行人对注册登记文件中的虚假陈述或材料遗漏承担严格责任外,其他第11(a)条列举的可能责任主体有权进行“合理勤勉”抗辩(due diligence defense),可能责任主体只有证明尽到“审慎核查”,即在确定合理调查并充分相信合理依据时,才可以免责,即“谨慎之人在管理个人财产时所需的标准”[Section 11.(c)]。抗辩事由内容包括吹哨人抗辩(whistle-blower defense)[Section 11.(b)(1)]和不知情抗辩[Section 11.(b)(2)]。此外,由于信息披露文件通常由不同主体(包括专家和非专家)参与合作制定,为了区分多方主体所承担责任内容,Section 11.(b)(3)作了详细区分,具体内容如表2所示。

---

① 美国《1933年证券法》第11(a)条规定:对注册文件虚假陈述承担责任的主体包括:(1)所有签署注册报告书的人;(2)在发行人申报注册登记表中与其被指称责任有关的部分时,所有的发行人董事或合伙人(或履行类似职能的人);(3)所有经其同意,列明于注册文件的现任或未来董事、合伙人或履行类似职务的;(4)编制或签署注册报告书某个部分或与文件相关联的报告或资产评估报告的会计师、工程师或评估师,或其他因职业关系在文件中作出有证明力的陈述,并经其同意列明于文件任何部分的编制者(陈述责任仅限于准备或验证部分);(5)所有相关证券承销商。参见中国证券监督管理委员会:《美国〈1933年证券法〉及相关证券交易委员会规则与规章》,法律出版社2015年版,第51页。

② See Securities Act of 1933, SEC. 11(b).

表 2　美国《1933 年证券法》第 11 条具体内容

<table>
<tr><th>序号</th><th>分类</th><th colspan="2">具体规定</th></tr>
<tr><td>Section 11.(b)(1)</td><td>“吹哨人”抗辩</td><td colspan="2">(A)在注册登记表虚假陈述生效之前,责任人已辞去相关职务或拒绝履行相关行为。
(B)以书面形式通知发行人其已采取相关行动,且将不会对注册登记表中的相关部分承担责任</td></tr>
<tr><td>Section 11.(b)(2)</td><td>不知情抗辩</td><td colspan="2">即对注册登记表的不实陈述生效表示并不知情,但在知情后立即采取通知委员会、合理公告声明对其不知情的行动</td></tr>
<tr><td rowspan="4">Section 11.(b)(3)</td><td></td><td>专家</td><td>非专家</td></tr>
<tr><td>经过专业机构验证或者保证(expertised)的内容</td><td>(1)经自己验证并签字保证:负有积极(affirmative)注意义务。必须经过核实调查,保证信息披露真实完整,不存在陈述欺诈,才能免责。
(2)经其他专家验证和签字保证:负有消极(negative)注意义务,只需证明没有合理理由相信内容含有实质性虚假陈述即可免责</td><td>有权对“经专家验证和保证的内容”予以信赖</td></tr>
<tr><td>未经专业机构验证或保证(unexpertised)的内容</td><td>不负有注意义务</td><td>负有积极注意义务,必须核实调查,保证有合理理由相信披露内容的真实性、完整性、连贯性,不存在材料遗漏和重大误导性、虚假陈述才能免责</td></tr>
<tr><td>官方陈述①</td><td>负有消极注意义务,不承担积极核查义务</td><td>有权予以信赖,具体范围包括政府公开并主动提供的文件、官方人士的答复及陈述等</td></tr>
</table>

除了法律明文规定,区分原则在实践应用中进一步发展出“滑动责任标准”(sliding scale of liability)。在 1968 年“爱斯考特诉巴克利司建筑公司案”(Escott v. BarChris)中,②法院对案件中所有涉及的可能责任主体(包括发行人建筑公司、建筑公司签字董事、证券承销公司、律师事务所、会计师事务所)提出的“合理抗辩事由”进行逐一审查和分析,并最终在内部与外部人士、专家与非专家、外部专家中区分了不同免责标准,即“滑动责任标准”,该责任标准适用灵活,会考虑参与人专业水平、工

① 包括政府提供的证明文件、公开的政府文件以及官方人士的陈述。

② Escott v. BarChris Constr. Corp., 283F. Supp. 643 (S. D. N. Y. 1968).

作扮演角色、准备上市过程中实际参与度等多重因素。① 在该案中,根据责任主体不同,法院分别作出了不同的认定,如表3所示。

表3　爱斯考特诉巴克利司公司案判决对不同主体的责任认定

责任主体	法院判决
内部高管董事	不能主张应有的谨慎抗辩
外部独立董事	在考虑应有谨慎抗辩的前提下,应当对招股说明书内容作专家与非专家的区分: (1)专家部分:对于会计师事务所审计后出具的数据可以予以信任。 (2)非专家部分:盲目相信董事长出具的保证声明,未对招股说明书中的其他部分中的材料遗漏和虚假陈述保持应用谨慎,应当负有法律责任
证券承销商	(1)尽职调查程序并不满足应有谨慎抗辩。 (2)法院认定信赖外部顾问律师主张不成立
会计师	(1)会计师作为专家,应当对注册登记表中的会计部分负责。免责事由是其有正当理由认为并确认内容真实且不存在重大遗漏。 (2)会计师事务所未合理完成尽职调查工作
律师	(1)本案中律师扮演的角色并非外部顾问,而是作为董事会成员签署文件。 (2)专家部分:有权对招股说明书中经过审计的会计数据和财务交易文件保持信任。但对其他公司律师和承销商律师制作的文件部分无权保持信赖。 (3)非专家部分:要求明显易发现的问题进行检查,否则不成立应有谨慎抗辩

从上述裁判内容可以看清法官思路,在坚持专家与非专家的区分、考虑专业水平的前提下,法官具体问题具体分析,对不同主体适用了不同标准。从该案例可以认识到,“滑动责任标准”只是在实践中对认定“区分责任”作出大致方向,并没有明文规定出中介机构必要注意事项,适用范围广泛的背后依然存在很大空间交给法官解释。并且随着时间推移和法律发展,市场发展程度、专业人员水平、工作参与程度等多项因素均会导致责任认定标准的“上下浮动”,事实上并无统一刚性的责任标准来适用每一个案件,必须根据个案具体内容的不同来灵活加以运用,而这对审判者商事法律素养提出了极高的要求。

(二)日本法:合理勤勉抗辩和免责事由

日本的证券发行制度采取注册制,在综合性交易所之下,由金融所管官厅实施一元化监督。② 根据日本《金融商品交易法》(日文名:『金融商品取引法』)第13条第1

---

① 耿利航:《中国证券市场中介机构的作用与约束机制——以证券律师为例证的分析》,法律出版社2011年版,第202~203页。

② 朱宝玲:《日本金融商品交易法——一部保护投资者和构建公正透明的投资市场之法律》,法律出版社2016年版,第306页。

款和第15条第2、3款规定,公司进行IPO需要提交有价证券申报书、制作招股说明书并直接交付给投资者。第18条第1项规定,有价证券申报书、招股说明书中的重要事项中存在虚假记载时,发行人对投资者负有无过错的损害赔偿责任。第21条规定投资者可以向虚假记载的有价证券报告书相关审计机构和会计师追究赔偿责任,会计师和审计机构承担的是过错责任。只有在证明虚假记载没有故意或者过失的情况下,才可以免于承担赔偿责任。

在日本法上,证券公司只承担承销商的职责,并不负有保荐职能。证券承销商的职责除扮演包销和代销证券的角色外,还包括针对发行人的公司情况提出评估意见报告及承销价格的说明义务,[①]根据日本《金融商品交易法》第21条第2项第3款规定,证券承销商的免责事由是,如果承销商能够证明其根本无法知道记载中的虚假陈述或者内容有所欠缺,同时对经过会计监察人查核签证的财务报告以外的部分,在已经尽到相当注意的前提下仍然无法知悉,可以免除其赔偿的责任。简单来说,证券承销商无须对会计师、律师事务所出具的专业意见文书仅承担一般注意义务,无须承担高度注意义务。

如果所出具的财务报表存在虚假陈述、内容与实际不符的情况时,会计师在出具查验报告并无错误时,则无须对财务报表虚假陈述负责。查验报告需按照审慎尽责、公平合理的行业标准制作。如果会计师明知所核查的财务报表存在虚假陈述依然出具无误证明,则需要担责。“会计师必须将依据一般认为公正妥当之惯行所实施之查核结果正确记载于查核报告书中,始可谓无故意或过失。”[②]但即便已经依照普通人思维中认为公正合理的方式核查后,如果发现有其他特别需要调查的事项,则可能会要求采取高于一般核查标准的方法。[③]

在公开发行程序中,有关律师的法律意见书部分,日本证券法并没有特别规定,在企业日常的公开招股书类中也并不多见。但如果律师对于法律意见书中的虚假陈述未尽勤勉核查义务之责,因此导致投资者受到损害,可依照民法上的侵权行为规定请求赔偿责任。[④]

---

① 廖大颖:《日本证券交易法对于公开说明书专家责任之规范》,载月旦知识库,www. lawdata. com. tw,最后访问日期:2020年8月2日。

② [日]神崎克郎、志谷匡史、川口恭宏:《金融商品取引法》,青林书院2012年版,第557页。

③ 戴铭升:《证券交易法信息不实免责要件之研究》,载月旦知识库,www. lawdata. com. tw,最后访问日期:2020年8月2日。

④ 廖大颖:《日本证券交易法对于公开说明书专家责任之规范》,载月旦知识库,www. lawdata. com. tw,最后访问日期:2020年8月2日。

综上所述,日本法并未像美国法那样设置“专家”的概念以及“吹哨人”抗辩那样复杂,在合理勤勉抗辩上,其设置了两道关卡:承销商、会计师、律师事务所首先需要证明主观不存在故意或者过失,其次尽到合理谨慎的注意义务标准。根据专业性质和所担任职务的不同,注意义务标准同样有所区别。只有达到上述标准,才能免于承担赔偿责任。

(三)中国香港特别行政区法:“保荐人牵头责任”引入和优化

1999年,我国香港特别行政区学习英国在另类投资市场(alternative investment market)实施“指定保荐人”制度(nominated adviser)的做法,[①]在香港联交所创业板引入了保荐人制度,而后监管机构于2003年又首次将保荐人制度引入香港联交所主板。[②] 香港联交所希望通过采取“保荐人牵头责任”的监管模式,实现证券市场发行市场化,通过设定严格明确的义务内容督促机构履行责任。

然而,“欧亚农业”等发行欺诈事件给本寄予厚望的保荐人制度带来了巨大质疑和沉重打击。香港证监会反思了该模式下,中介机构间职责划分不明、职责范围过宽等问题导致各中介机构并未更好地进行分工合作。之后香港证监会着手实施重大改革。[③] 2003年,香港证监会和香港联交所联手对保荐人制度进行大刀阔斧的改革,将保荐人一分为三,分别分解为保荐人(sponsor)、合规顾问(compliance adviser)和独立财务顾问(independent financial adviser)。保荐人承担证券发行人上市前的推荐、辅导等工作,合规顾问承担发行人上市后回应发行人咨询、提供法律意见和指引等工作,独立财务顾问则承担公司上市体检、评估融资方案利弊、提供策略性审查和咨询意见等责任,在整个IPO流程中,合规顾问和独立财务顾问大致可类比为内地律师事务所和会计师事务所所担任的角色。同时,文件还规定保荐人与发行人之间应当保持相对独立性,并引入了独立性测试(bright-line test,也称为黑白分明测试),形成中介机构各司其职、合力监管的态势。此次改革厘清了保荐人、合规顾问和独立财务顾问尽职调查责任,促使不同证券中介机构从专业职能上共同保障发行人信息披露

---

① 另类投资市场于1995年建立,是伦敦交易所专为规模较小但具有高成长性的公司提供的融资市场,相当于“创业板”。AIM上市条件较为宽松,对大部分文件没有审查要求。为了保证上市公司质量和保护消费者权益,伦敦证券交易所引入“保荐人”制度。参见伦敦证券交易所对AIM的相关介绍,载伦敦证券交易所官网2021年1月1日,https://www.londonstockexchange.com/resources/raise-finance-resources? tab = aim&accordionId = 0 - 4aa333ec - 7909 - 4a8a - 9a49 - ab9fedec87f1&moduleId = block_content%3A871b0950 - 565a - 402a - 95e2 - 1de0ad689807。

② 陈思远:《香港保荐制度最新修改对内地投资银行业的启示——以注册制改革为背景》,载《证券市场导报》2014年第2期。

③ 郭雳:《检讨与重构金融中介服务机构的法律职责——以资本市场为例》,载《金融服务法评论》2012年第3卷。

体系。在该模式下,不要求保荐人核实专家报告,也不预期保荐人等同专家,容许委聘第三方专业人士。① 此次改革较好地解决了证券市场不同中介机构的协作配合问题。

在2010年,洪良国际财务欺诈丑闻引起香港证监会对现有保荐人制度设计的进一步反思。② 为督促保荐人履行投资者保护的公共责任,2013年香港证监会通过发布以《有关监管保荐人的咨询文件》(Consultation Paper on the regulation of sponsors)、《有关监管首次公开招股保荐人的咨询总结等》(Consultation Conclusions on the regulation of IPO sponsors)为代表的文件,正式对保荐人制度实施新一轮改革。此次改革主要从三方面着手:(1)在权利上,文件规定简化监管流程以配合信息披露,确保聘任第三方配合保荐人工作,规定最短委任期制度,单列保荐费用等。(2)在义务上,进一步对包括信息披露、尽职调查、资源准备和记录保存等方面作细致的规定,尤其在尽职调查上,采取了行业公认的评估标准,规定保荐人要及时识别申请人在招股说明书上的重大问题,对于专家和非专家第三方机构出具的专业报告,保荐人应当审慎核查,即使不要求达到专家水准,保荐人也应当以掌握的资料和个人最大水平去审查是否符合常理。同时,记录保存上也规定了保荐人应当对涉及尽职调查的专家或非专家文件保存7年。③ (3)在责任上,针对保荐人的民事和刑事责任也进一步细化,使投资者对招股说明书中的虚假陈述拥有针对保荐人的救济途径。作为对"洪良国际案"的检讨和反思,此次针对保荐人的改革对保荐人的地位与职责进行匹配,促进了保荐人在监管下的"归位尽责"。

总结我国香港特别行政区多年来改革的经验,可以看出我国香港特别行政区在英美"保荐人制度"和"区分责任"两种模式之间不断进行探索和实验,结合地域实际情况形成了独具特色的融合模式。这对我国内地在注册制下,重新思考"保荐人牵头责任"模式具有重要的参考价值。尤其在我国证券市场仍在转轨中、投资者维权意识尚待加强、证券集团诉讼等保障机制尚不够完备的情况下,部分呼吁取消保荐制度的

---

① 谈萧:《香港保荐人制度最新修订述评》,载《证券市场导报》2005年第4期。

② 在"洪良国际案"中,兆丰资本作为洪良国际的保荐人,没有履行其相关职责,被香港证监会罚款4200万港元,并被撤销为机构融资提供意见的牌照。香港证监会披露了关于兆丰资本未能尽责履职的若干表现:(1)是尽职调查不达标,没有对洪良国际的顾客、供应商和特许经营商作出应有的尽职调查。(2)兆丰资本未达到保荐人应有的独立性,尽职调查中的重要资料均来自洪良国际。(3)审核线索不足,兆丰资本并没有以文件载明尽职调查工作的计划和工作的重要范畴。(4)是兆丰资本未能充分监督员工,由公司内部经验不足的员工来完成大部分的尽职调查工作;(5)违反保荐人承诺及向香港联交所申报不实声明。参见王玮、夏中宝:《"洪良国际案"对境内欺诈上市案件查处的启示——以"绿大地案"为比较分析样本》,载黄红元、徐明主编:《证券法苑》第7卷,法律出版社2012年版,第611页。

③ 郭雳:《香港保荐制度改革新规述评与镜鉴》,载《证券市场导报》2014年第2期。

声音是脱离我国现下实际的。我们可以参考我国香港特别行政区的模式,继续保留我国的保荐人制度,对证券交易市场下的不同主体进行地位排序和责任归位。

四、构思:强化中介机构责任之规制路径

上文已澄清“看门人”、证券中介机构、勤勉尽责和注意义务等概念或问题,并且在证券市场中以保荐人、会计师事务所、律师事务所为主要对象,在梳理不同中介机构勤勉尽责的法律基础和具体内容的基础上,比较研究了其他国家(地区)在责任划分、免责事由等规定。于此可供我国注册制下重构中介机构责任体系的思路包括以下方面。

(一)明确“专家”“勤勉尽责”等术语的具体内涵

在注册制改革下,立法者未对中介机构的具体内涵进行立法上的明确,而基础概念的缺失将会进一步导致实务中具体操作标准的混乱。因此,应当对“专家”和“非专家”概念进行界定和细分。可规定范围主要应当包括保荐人、律师事务所、会计师事务所等中介机构,而“专家”的认定则应当以专业职责进行区分和认定,例如,律师在所出具的法律意见书、律师工作报告中应当认定为“专家”,在对于保荐人、会计师出具的专业文书中明显涉及的法律问题同样应当以“专家”进行认定,而在非法律问题部分则应当视为“非专家”。“非专家”的概念不仅适用于“专家”在面对个人专业以外的领域,同样也包括缺少专业水准的发行人、公司董事和中小投资者们。同样,立法者可以选择以法律、司法解释的形式,将前文中提及的关于“勤勉尽责”“注意义务”的理论表述予以明确。通过明确区分“专家”“非专家”“勤勉尽责”“注意义务”的概念,则可以为证券中介机构责任体系的设计和构建奠定良好的基础。

(二)细化和区分“注意义务”具体情形

在一般注意义务上,应当根据信赖原则,以证券中介机构职责为中心,根据职责内容不同进行区别。在“保荐人牵头责任”模式下,保荐人作为发行保荐工作的核心,负责和把关保荐工作从开始到上市后的整个流程。保荐人实质性审查其他机构所出具专业文书并承担核查不力责任的工作模式引发了保荐人重复工作、责任泛化、中介机构责任混淆等一系列问题。① 同时,保荐人先行赔付制度的确立在保护投资者利益

---

① 刘志云、龙稳全:《论完善投资银行勤勉义务规制的路径选择》,载《南京大学学报(哲学·人文科学·社会科学)》2018年第6期。

的同时也大大增加了保荐人的经济负担。因此,对一般和特别注意义务的划分,应当给保荐人一定情况下的减负。对上市文件中由会计师、律师出具的专业文书,保荐人应尽到一般注意义务,可参考香港联交所《第21项应用指引》的规定,对会计师、律师的资历、经验及其胜任工作的能力,以及其他中介机构所出具专业意见的底层资料真实性,发表专业意见的假设、方法、基准及法律依据是否合理作出判断。只要其他证券中介机构所出具的专业意见达到上述要求,保荐人应当保持合理信赖,除非判断标准过于专业,已远超常理要求。而会计师、律师事务所对专业能力以外的文件应当保留专家信赖,合理期待其他机构能够勤勉尽责,审慎核查底层资料和依据专业标准提供意见,仅有当其出具的专业文件中出现明显的、以普通人水准皆可意识到的疏漏情形,才应当承担未履行一般注意义务承担的责任。

在特别注意义务上,中介机构理应回应公众的合理期待,专家提供服务理应具有权威性,通过专业行为客观公正地判断发行人实际情况。如果未全面核查验证注册申请资料和信息披露文件,出现材料重大遗漏、误导性陈述或者虚假记载的情形,可要求出具对应专业文件的中介机构承担责任。对特别注意义务的把握可从范围和程度出发:一方面,在范围上,中介机构应当以专业为中心,对法律规定和专业范围以内发表的意见尽到特别注意义务;[①]另一方面,在程度上,应当以谨慎管理人对待个人财产的注意水平为标准,在满足行业基本专业要求的同时,鼓励证券中介机构提高自我要求但不应做强制要求。以证券律师为例,如果其无法满足检索法律法规、法律逻辑分析、出具法律文书等基本专业能力要求,则必然会被认定为未尽特别注意义务。但同时也不应对证券律师能力做过苛要求和期待,有学者指出应当对程度高低进行一定的限制,特别注意义务往往与执业风险相互关联,应当综合考虑市场成熟度、时间节点、征信系统及信息查询体系完善度等综合因素。[②]

当出现工作交叉、专业意见互相引用的情况时,对于交叉部分,中介机构只需达到一般注意义务水平,但如果该引用专业意见涉及属于法律规定,或者专业领域内的知识,对此则须负有同等特别注意。如果中介机构仅违反了一般注意义务,则需要与违背注意义务的中介机构共同承担责任,具体承担可根据双方责任分配、过错大小等

---

① 例如,在注册制下,保荐人和律师应当就公司章程规定的特别表决权股份的持有人资格、表决权数量比例、锁定期安排以及转让限制、参与表决的股东大会事项范围等发表专业意见。注册会计师应当针对企业最近3年财务会计报告出具无保留意见的审计报告,公平公正反映发行人的财务状况、经营成果和现金流量,对内部控制制度是否健全且被有效执行内部控制鉴证报告。

② 郭雳:《证券律师的职责规范与业务拓展》,载《证券市场导报》2011年第4期。

进行考量。

(三)厘清中介机构的责任承担和免责情形

中介机构免责事由缺失和内部责任划分不明的问题,往往阻碍了中介机构内部寻求救济的可能。因此针对不同注意义务设定相应免责事由便成为改革之必要。同时由于我国"保荐人牵头责任"模式尚运行平稳,在我国语境下讨论,也需要对保荐机构和其他证券服务机构进行区分。

在特别注意义务免责上,一方面,对作为发行工作核心的保荐人而言,对其他证券服务机构出具的专业意见应当秉持审慎态度,审查原始资料真实性、完整性和系统性并出具专业意见,并且对其他证券服务机构的工作方法、基准、依据以及程序等是否合理进行评估。只有履行上述要求才能免责。但保荐人无须重复实质核查,对会计师出具的财务报告或律师出具的法律意见书中主干内容及推导结论负责,否则责任过重、重复工作反而导致各中介机构提前串通形成利益集团,丧失"看门人"独立性。另一方面,其他证券服务机构必须证明自己已尽到合理尽职调查,直到理由充分可信,认为发行人不存在材料重大遗漏、虚假性陈述等情形,才可以免责。如果在法定履职和专业履职范围内,其进行的专业活动存在其他中介机构出具的意见时,中介机构不能仅仅通过"专业信赖"进行免责。①

在一般注意义务免责上,如果证券中介机构在引用其他机构出具的专业意见时(例如,律师事务所引用会计师事务所出具的财务报告来出具法律意见书),引用方只需要尽到一般注意义务,即被引用材料不存在明显缺乏法律依据以及与现实不符、无合理理由怀疑欺诈等情况即可,在满足前述标准的前提下,引用方已经满足作为社会普通人应当达到的要求,则对文书内容与结论无须过多干涉,从而在可预见的范围内践行公平原则,最大化实现"责任自负"。

(四)通过程序着手认定勤勉尽责义务

从相关案例来看,中国证监会在行政处罚中考虑中介机构是否勤勉尽责时,除了以相关法律法规的具体规定作为依据,主要以程序性事项是否得以实际履行作为切入点进行认定。例如,在针对瑞华会计师事务所的处罚中,瑞华会计师事务所被认定未尽勤勉尽责义务的原因之一就是未直接与公司治理层沟通是否存在舞弊事宜,而

---

① 如科创板下明确规定保荐人及发行人律师应当对发行人特别表决权及股份锁定期作出专业意见,保荐人不应援引律师所作意见,应当依据独立性,审慎对发起人实际情况作独立判断并发表专业意见。具体参见《科创板首次公开发行股票注册管理办法(试行)》第41、42条规定。

是仅询问财务总监和发展部经理，导致瑞华会计师事务所无法了解在此过程中治理层所发挥的作用，进而导致错误评估舞弊风险。此外还包括未对传真取得的询证函回函的异常情况进行核验，不恰当地依赖内部控制，对应收票据实施盘点和倒轧程序，所获取的审计证据可靠性低等问题。而在“欣泰电气欺诈发行案”中，东易律师事务所对从其他中介机构取得的工作底稿直接适用，而未履行必要的审查验证程序。[①]总结部分行政处罚书的内容，如果当认定发行人信息披露出现瑕疵时，若中介机构未编制查验计划或者保留工作底稿，则将被认定为未尽职履责。[②] 而对于尽职调查所出具的资料，如果未按照行业公认应当履行的流程、未保持合理的职业怀疑时，可认定为未尽职履责。风险评估程序不充分适当，未能识别出潜在的舞弊风险，也难辞其咎。中国证监会可通过在公布行政处罚书和列举典型案例中，总结其中出现的共性问题，明确中介机构在具体业务中所应当完成的流程，使中介机构的业务开展和责任分配更加清晰化。

五、结　　语

中介机构理应紧绷审慎履职这根“弦”，始终保持“本领恐慌”，[③]通过履行勤勉义务，平衡各主体之间的责任匹配，减少信息不对称风险，降低市场交易成本，达到维护市场秩序的目的。在我国资本市场的长期发展中，过多强调保荐人牵头责任则导致保荐人责任过重，对会计师事务所、律师事务所的相对忽视则导致中介机构在市场运营中注意义务标准不明晰、责任边界模糊、免责标准缺失等问题。可供参考的改革思路是以境外“区分责任”模式为参照对象，结合我国“保荐人牵头责任”的实际国情，建议立法者在法律规范或司法解释中明文解释“专家”“勤勉尽责”等术语的具体内涵，从基础上为中介机构责任体系的设计和构建提供方向；明确划分特别注意义务与一般注意义务，根据不同中介机构的角色类型和责任承担分别设计不同的责任标准；根据不同中介机构的特点厘清责任承担分配和免责情形，在可预见的范围内践行公平原则，实现“责任自负”；从程序着手认定未尽勤勉尽责义务，总结行政处罚中中介

① 参见《中国证监会行政处罚决定书》(〔2017〕70 号)。

② 根据《律师事务所从事证券法律业务管理办法》及《律师事务所法律业务执业规则(试行)》，律师应通过“制定计划、保留工作底稿、采取符合规定的查验方法”等途径表明其进行了审慎核查验证。

③ 孙煜：《专访普华永道首席合伙人李丹：注册制下会计师需要始终保持“本领恐慌”》，载《21 世纪经济报道》2020 年 12 月 17 日，第 10 版。

机构出现的共性问题,以明确具体业务中所公认的流程,使业务开展和责任分配更加清晰化和透明化。

随着推行注册制"宽进"和退市新规"严出"的基本定位,沪深交易所改革试点经验总结和措施配套升级,《刑法修正案(十一)》加大对欺诈发行、信息披露造假犯罪的刑事处罚力度,以信息披露为"一个核心"、交易所审核和中国证监会注册为"两个环节"的注册制架构正在不断建立,[①]我国资本市场透明化、市场化和法治化的前景也越来越明朗。中介机构作为投融资双方的桥梁,监管机构的助手,只有通过改革进一步区分责任、明确定位,才能让证券中介机构最终"归位尽责",实现投资者"买者尽责、风险自负",为落地在即的全面注册制保驾护航。

① 王媛媛:《全面注册制条件逐步具备,专家称2021年两会后或有望落实》,载国际金融报2020年12月29日,http://stock.jrj.com.cn/2020/12/29235331598239.shtml。

夫妻共有股权行使的法律冲突及其协调路径

张梦霞*

摘　要：因调整对象的区别与价值保护的不同，《公司法》等商法规范与《民法典》"婚姻家庭编"在夫妻共有股权的制度规定上存在较大的差异，前者要求由公示方行使股权，后者强调夫妻双方的"平等处理权"，因而引起了学界与司法实践针对股权的共有属性、单方处分的法律性质和两法竞合的优先适用性等问题的争议与讨论，造成了夫妻共有股权的行使困境。商法规范与婚姻法规范既有交集也有差异，在法律的适用上存在调和可能。从两法的融合协调角度出发，以股权夫妻共有为逻辑起点，以股权公示规则改进为协调核心，区分行使管理性权利与处分性权利，完善公示方擅自处分规则，并在特殊情形下优先适用《公司法》等商法规范，是完善夫妻共有股份行使制度的可行思路。

关键词：夫妻共有股权　股权公示　股权行使

一、问题的提出

夫妻共有股权是指因夫妻双方或者单方在夫妻关系存续期间购买公司股份而依法享有的股份权利，包括管理性权利和处分性权利两种类型。在商事实践中，股权往往只登记在一方名下，由此导致股东名册记载的或者工商登记公示的股权难以体现出"夫妻共有"的状态，其纠纷常常表现为公示方擅自处分股权或者离婚时难以对股权进行性质界定和股份分割，这一问题属于商法规范和婚姻法规范的交叉规制领域，

* 华东政法大学经济法学院经济法专业硕士研究生。

但我国民商事法律规范对夫妻共有股权制度的规定并不一致,由此引发了法律冲突与适用争议。

《民法典》"婚姻家庭编"规定投资收益属于夫妻共同财产,且要求在处理夫妻共同财产时,保障夫妻双方的"平等处理权",即需要获取夫妻双方的"一致同意"。而《公司法》第 32 条第 2 款明确规定了股权行使的最基本条件是股东需记载于股东名册,也就是说只有公示方才享有股权,非公示方因缺乏股东名册的必要记载而难以确认股东身份,更无法行使股东权利。《民法典》"婚姻家庭编"和《公司法》等商事规范的不一致,使夫妻共有股权的行使陷入困境。究其原因在于,我国民事法律规范的夫妻财产规则与《公司法》规定的公司股权制度之间存在冲突,具体表现为调整对象的差异和价值保护的不同。在调整对象上,《民法典》夫妻财产制的适用以特定的夫妻身份关系为前提,属于身份法范畴,否认"均质强者"的假设。①

《公司法》则适用于所有平等的"理性人",采取严格的商事外观主义,并不关注共有人的身份关系;在价值保护上,《民法典》"婚姻家庭编"强调维护婚姻家庭的和谐稳定,倾斜保护婚姻关系中的弱势群体,以期达到法律上的平等地位,而《公司法》的核心功能在于保护市场秩序和交易安全,借助公示规则保障商事交易的效率,并不过多关注商事行为人间的身份属性。

夫妻共有股权行使的最理想状态是公示方在取得一致意见后行使股权,但在《民法典》与《公司法》缺乏协调纽带的背景下,"公示"与"一致意见"两大要素难以在人的逐利本性下得以两全。因此,从法律的整体性和现实的适用性出发,亟须对夫妻共有股权的财产属性加以统一界定,明确单方处分的法律性质,寻找出两法协调共生、共同作用的上善之道,完善夫妻共有股权的行使制度。

二、股权行使的争议与冲突

夫妻共有股权因其独特的"身份共有"特点,难以仅凭单一法规予以规制,需要构建了股权制度的商法规范和设计了夫妻财产规则的婚姻法规范加以共同作用。但《公司法》与《民法典》就夫妻共有股权制度的相关规定存在的冲突,引起了理论界和司法实践的多方争议。在威科先行法律信息库中,以"夫妻共有股权"为关键词进行

① 参见马俊驹、童列春:《身份制度的私法构造》,载《法学研究》2010 年第 2 期。

检索,可筛选出 2008 年至 2020 年最高人民法院和各地各级人民法院共计 59 份关于夫妻共有股权行使的判决。经分析可以发现,该类纠纷多集中于经济发达地区:浙江判例最多,共计 10 份;上海、北京次之,各有 9 份;江苏、山东、山西、广东、四川分别为 6 份、5 份、4 份、3 份、3 份;剩余案例呈 1 ~ 2 份的形式分布于其他省份。挑选判例居前省份的经典案例,如表 1 所示。

表 1　夫妻共有股权行使纠纷经典案例

时间	法院	案号	案件主要事实	裁判结果
2020	四川省成都高新技术产业开发区人民法院	(2020)川 0191 民初 4724 号	原被告系夫妻关系,被告在未经原告同意的情况下,擅自转让名下股权	法院认定股权为婚后所得,属于夫妻共同所有,且被告与第三人不存在恶意串通的情形,其单方处分行为有效
2020	广东省深圳市中级人民法院	(2020)粤 03 民终 9156 号	上诉人(原审原告)与第三人系夫妻关系,就第三人名下股份提出执行异议	法院认为仅股权收益属于夫妻共同财产,且仅记载于股东名册的人为公司股东,享有股东权利
2020	山东省济南市中级人民法院	(2020)鲁 01 民终 5924 号①	上诉人(原审被告)与被上诉人(原审原告)系夫妻关系,在未经被上诉人同意的情况下,擅自转让名下股权	法院认为婚后所得股权属于夫妻共同财产,但仅记载于股东名册的股东享有股权处分权,因此单方处分行为有效
2019	山西省太原市中级人民法院	(2019)晋 01 民终 7047 号;(2019)晋 01 民终 7062 号;(2019)晋 01 民终 7066 号②	被上诉人(原审被告)与上诉人(原审原告)系夫妻关系,在未经上诉人同意的情况下擅自转让名下股权	法院认为夫妻共同财产包括股权收益,但不包括股权本身,未登记方不属于股权共有人,且股权转让行为是商事行为,判断其合法性的依据应先适用《公司法》的有关规定,因此股权转让行为有效

① 该案一审法院认为原告系基于被告转移夫妻共同财产而主张权利,故本案的法律关系系因夫妻共同共有财产而引起的确认合同无效纠纷,应优先适用民事法律规范,而不能优先适用《公司法》等商事法律规范,因此被告单方处分行为无效。

② 三案的当事人仅股权受让方不同,上诉人与被上诉人 1 均相同。

续表

时间	法院	案号	案件主要事实	裁判结果
2018	上海市嘉定区人民法院	(2018)沪 0114 民初 1176 号;(2018)沪 0114 民初 1177 号	原告与被告 1 系夫妻关系,被告 1 在未经原告同意的情况下,擅自转让名下股权	法院认为婚后所得股权属于夫妻共同财产,对其进行处分应取得一致意见,因此本案的单方处分行为属于无权处分,无效
2016	北京市第一中级人民法院	(2016)京 01 民终 3393 号	上诉人(原审原告)与被上诉人 1(原审被告 1)系夫妻关系,被上诉人 1 擅自转让名下股权	法院认为婚后所得股权属于夫妻共同财产,但股权的具体权能应由股东本人行使,不受他人干预,因此转让行为有效
2014	浙江省杭州市中级人民法院	(2014)浙杭商初字第 60 号	原告与被告 1 系夫妻关系,被告 1 在未经原告同意的情况下,擅自转让名下股权	法院认为婚后所得股权属于夫妻共同财产,对其进行处分应取得一致意见,且本案受让人非善意,因此股权转让协议无效
2014	最高人民法院	(2014)民二终字第 48 号	上诉人(原审原告)与被上诉人(原审被告)系夫妻关系,被上诉人擅自转让名下股权	法院认为股权属于商法规范的私权范畴,其各项具体权能应由股东本人独立行使,不受他人干涉,因此转让行为有效
2014	江苏省镇江经济开发区人民法院	(2014)镇经民初字第 0111 号	原告与被告 1 系夫妻关系,被告 1 在未经原告同意的情况下,擅自转让名下股权	法院认为婚后所得股权属于夫妻共同财产,但记载于股东名册的股东有权自由处分股权

通过对上述案例的整理和对文献资料的梳理,可以发现学界和司法实践对夫妻共有股权纠纷的争议主要集中在三个方面:股权性质、单方处分性质及法律竞合。对这三个问题的不同看法,直接影响了夫妻共有股权制度在我国的发展出路。

(一)股权是否属于夫妻共同财产

对于这一问题的争议,不论是在学界还是在司法实践中都未能达成一致意见。有学者认为无论是根据《民法典》第 1062 条还是根据原《婚姻法》第 17 条,登记在一方名下的股权都不属于夫妻共同财产,夫妻共有的是婚姻关系存续期间股份的增值利益,而非股权本身。[①] 对此,广东省和山西省中级人民法院也持一致意见,否认了股权的夫妻共有属性。但也有学者认为股权属于财产权的一种,因此存在共有状态。

① 参见汪洋:《夫妻合同债务的基本类型、基础责任与财产责任——最高人民法院〈夫妻债务解释〉实体法评论》,载《当代法学》2019 年第 3 期;杨青、郭颖:《离婚案件股权分割的法律分析》,载《求索》2005 年第 12 期。

在婚姻关系存续期间购买的股权当然属于夫妻共有股权。[①] 2014 年最高人民法院的判例对此进行了确认,各地其他法院也多持此观点,认定了股权的夫妻共有状态,允许夫妻离婚时就股权进行分割。

(二)夫妻共有股权单方处分的法律性质

夫妻共有股权的单方处分多表现为公示方的单方处分,擅自将名下股权转让给第三人,进而引发非公示方与第三方的矛盾,要求法院确认转让行为无效。对此,最高人民法院认为股权属于商法规范的私权范畴,其各项具体权能应由股东本人独立行使,不受他人干涉,因此除《公司法》第 71 条规定的股东优先购买权的转让限制外,股东股权转让自由应当受到尊重和保障,公示方的单方处分行为属于有权处分,应为有效。四川省、广东省、山东省、山西省、江苏省、北京市等多地法院亦持一致意见,明确仅记载于股东名册的人属于公司股东,享有股份权利。同时,认为股权不属于夫妻共同财产的学者也表示非公示方在不享有共有权的基础上当然不享有股份处分权。另外,有学者认为从兼顾配偶和股权受让人的利益来看,公示方单方处分损害了配偶的共同财产平等处理权,应属于无权处分行为。[②] 上海市和浙江省的法院均持此观点,认为共有股权的处分应取得夫妻双方的"一致同意",在第三人非善意或非公示方未追认的情况下,公示方单方处分行为无效。

(三)《公司法》与《民法典》竞合时的优先适用性

保守派秉持传统的民法思维,将股权作为一般的财产权类型,主张通过民事法律制度来考量单方处分行为的效力边界。因此当两法竞合时,应当优先适用《民法典》相关法律规范,以婚姻家庭关系的和谐稳定作为效力确认的核心。激进派从股权有别于债权、所有权的特殊属性及《公司法》关于股权转让的特殊规定角度出发,认为两法竞合时应当优先适用《公司法》等商事法律规范,以转让是否符合《公司法》设立的股权转让特殊规则作为判断行为是否有效的核心。[③] 在这一问题上,仅山西省的法院直接表明虽夫妻对共有财产享有平等的占有、使用、收益和处分的权利,但平等处分权的规定不能当然限制夫妻共有股权之转让,在股权转让行为是商事行为的基础上,判断其合法性的依据应先适用《公司法》的有关规定。其余各地法院(除上海市、浙

① 参见王涌、旷涵潇:《夫妻共有股权的行使困境及其应对——兼论商法与婚姻法的关系》,载《法学评论(双月刊)》2020 年第 1 期。

② 参见冉克平、侯曼曼:《〈民法典〉视域下夫妻共有股权的单方处分与强制执行》,载《北方法学》2020 年第 5 期。

③ 参见杜甲华:《未经一方同意的夫妻共有股权转让合同效力的认定》,载《社会科学辑刊》2014 年第 6 期。

江省以外)虽未直接说明两法竞合的优先适用性,但从其说理部分的法律引用来看,可以反推其亦支持《公司法》在夫妻共有股权行使上的优先适用性。

三、《公司法》与《民法典》的协调路径

股权是高流动性的财产类型,在理论上是具备共有状态的。但《公司法》并没有明确规定股权如何存在共有状态,股权登记也并不考虑背后的共有关系,这完全不同于《民法典》的夫妻财产共有制度。面对商事外观主义与婚姻实质身份关系的矛盾,司法裁判与理论观点的冲突,婚后所得股权如何实现夫妻共有,共有权利行使纠纷如何化解,善意第三人的合法权益如何保障,是夫妻共有股权制度进一步发展必须思考的问题。在我国夫妻法定财产制不会改变的前提下,解决上述问题必然需要将《公司法》等商事规范与《民法典》"婚姻家庭编"相结合,在两法的矛盾之处构建起协调纽带,提炼出体现两法融合得更为精炼的规则规范。

(一)以股权夫妻共有为逻辑起点

公司法与夫妻财产法规范同为我国财产法的分支,但夫妻团体与公司团体存在较大的差别。夫妻团体是情感的结合体,难以用金钱精细衡量双方对家庭的贡献,其人格属性更为突出,属于伦理实体。而公司团体是利益的结合体,股东个人的人格被公司吸收,具有较强的功利性动机,多以金钱等可量化出资换取股权对价,属于经济实体。[①] 团体思想的差异使两法在融合过程中,必然需要对基础理念予以一致规定,即以股权夫妻共有作为两法协调的逻辑起点,承认股权共有,并将在婚姻关系存续期间取得的股权划分为夫妻共同财产。

首先,股权具备共有状态。我国《民法典》第 297 条规定:"不动产或者动产可以由两个以上组织、个人共有。共有包括按份共有和共同共有。"而股权作为一种投资,分属动产范畴,当然性地存在共有状态。这早已为我国学者所承认,[②]在域外立法中也有所体现。德国《有限责任公司法》第 18 条规定股权为共同共有时,应由共有人共同行使,且共有人对股份份额的缴纳承担连带责任。日本《商法典》第 203 条规定了股权共有人的义务,要求共有人对股款缴纳承担连带责任,且由一人代为行使股权。[③]

---

① 参见冉克平:《夫妻团体债务的认定及清偿》,载《中国法学》2017 年第 5 期。

② 参见梁开银:《论公司股权之共有权》,载《法律科学(西北政法大学学报)》2010 年第 2 期。

③ 参见王涌、旷涵潇:《夫妻共有股权的行使困境及其应对——兼论商法与婚姻法的关系》,载《法学评论(双月刊)》2020 年第 1 期。

其次,共有股权可以作为夫妻共同财产。股权虽然在属性上被视为有别于所有权和债权的新型独立权种,①但其本质仍属于财产权范畴。主要表现为股权具备财产性权利的可转让性、可救济性和可收益性,②且财产收益是股权的核心,也是投资者的主要追求。因此,在《民法典》的夫妻财产制度下,股权作为一种财产权可以列入共同财产范畴。综上所述,可以在《公司法》中将股权共有法定化,并在《民法典》中新增夫妻共有股权为共同财产,而非仅将股权收益作为夫妻共同财产,以此保障非公示方的平等财产权。

(二)以股权公示规则改进为协调核心

股权公示同时记载双方名字,是明确股权共有最直接的方式,在此基础上才能实现调整夫妻共有股权行使的目标。但我国《公司法》仅明确了单人登记制度,并没有设计共有登记规则,使基于夫妻关系形成的共有股权完全无法在股东名册或市场监管部门等外部登记中显示共有关系。这种做法虽然表面上看起来符合商事外观主义的要求,有利于登记机关明确股权收益和股东责任,但在实际上,一旦非公示方基于财产共有制度请求确认股权共有,要求行使股东权利,就不可避免地出现大批股权确权纠纷,造成公示方股权行使的困境和司法资源的不必要占用。不动产登记允许多人共有登记,将共有关系外部化。为避免股权公示的"名实不符"现象,股权也可以允许多人共有登记,即《公司法》应当兼容股权登记规则与夫妻财产制度,明确要求在股东名册和市场监管部门的登记中将夫妻共有股权载明为共有,将双方名字并列记载,同时指明一方为股东权利的执行人(以下简称执行人),将《民法典》要求的"平等处理权"前置化、公示化。股权证明文件还可以借鉴不动产产权证书的记载方式,注明夫妻双方对此共有股权的持有比例,不注明的则视为共同共有。③

(三)以单方擅自处分规则的完善为协调手段

在承认股权共有和允许股权共有登记制度的基础上,夫或妻一方擅自处分共有股权的行为应被定性为无权处分,并视情形适用善意取得制度来保护交易安全。我国目前虽未明确规定股权善意取得的适用要件,但是最高人民法院《关于适用〈中华

① 参见杜甲华:《未经一方同意的夫妻共有股权转让合同效力的认定》,载《社会科学辑刊》2014年第6期;参见江平、孔祥俊:《论股权》,载《中国法学》1994年第1期。

② 参见王涌:《财产权谱系、财产权法定主义与民法典〈财产法总则〉》,载《政法论坛》2016年第1期。

③ 参见王涌、旷涵潇:《夫妻共有股权的行使困境及其应对——兼论商法与婚姻法的关系》,载《法学评论(双月刊)》2020年第1期。

人民共和国公司法〉若干问题的规定(三)》第25条规定名义股东处分股权参照适用原《物权法》第106条(现为《民法典》第311条),这实际上是将善意取得制度延伸适用于股权领域,为规范夫妻共有股权的单方处分行为提供了法律支撑。善意取得制度对交易安全的保护是以牺牲真实权利人的利益为代价的。因此,如何界定"善意"的标准以达到财产秩序动态与静态的协调,对单方处分规则的完善至关重要。[①] 从股权和物权的结合角度出发,交易相对方是否属于善意第三人可以从以下两个方面进行判断:第一,交易相对方是否在股权转让协议的缔结和履行过程中进行了主动审查(这建立在股权共有登记的基础上)。在市场经济中,交易相对方可以从公示制度彰显的权利外观来判断股权是否属于共有股权以及转让方是否具有处分权。对登记为夫妻共有的股份,应审查转让方的婚姻状态和非股权执行人的处分同意。第二,交易相对方与转让方的特殊关系。这种特殊关系的范围较广,朋友、亲属、同事、长期合作伙伴等都可能被列入特殊关系范畴,关键是看相对方与股权执行人的相熟程度。在具有特殊关系的情形下,相对方知晓股权是否属于单方无权处分的可能性相对较高。第三,股权转让价格。若股权执行人以明显不合理的低价转让了共有股权,则明显侵害了非执行人的财产权利,双方在股权处分前达成一致意见的概率相对较低。

(四)以管理性权利与处分性权利区分行使为协调内容

我国《公司法》第4条规定:"公司股东依法享有资产收益、参与重大决策和选择管理者等权利。"此即股权的三大权能。从股权行使的目的和方式角度出发,这三大权能可以概括为管理性权利和处分性权利两种类型。资产收益权是具有请求给付的典型财产性权利,包含股权红利收益和股权转让收益两方面的内容,属于处分性权利,具体包括持有、转让、质押、信托、赠与等多种影响所有权和收益权的行为。参与重大决策权和选择管理者权统称为管理性权利,具体包括表决权、股东(大)会召集权、查阅权、提案权、质询权等多种类型。管理性权利的行使对象为公司,主要发生在公司内部的治理中,行使目标在于约束经营管理权,从而间接实现资产收益。处分性权利的行使对象为交易第三方或公司其他股东,行使范围并不局限于公司内部治理,且直接影响夫妻双方的共同财产范围和资产收益。而夫妻共同财产制对股权的调整限于对直接影响财产数额增减的行为,无法触及公司的内部治理与运行。因此,管理

① 参见孙超:《论夫妻共有财产的公示与处分——兼议〈物权法〉与〈婚姻法〉的冲突和协调》,载《山东法官培训学院学报》2018年第4期。

性权利与处分性权利应当区分行使,以此作为《公司法》与《民法典》的主要协调内容。因处分性权利直接影响夫妻共有财产的数额,极易损害非执行人的财产权,当涉及此权利,特别是执行人单方处分时,应为股权转让设置双层门槛,由夫妻双方共同行使,同时受《公司法》与《民法典》的调整。不能片面强调商事外观主义而忽视财产共有的实质。而管理性权利不同。如果每一次管理性权利的行使都需要夫妻双方的一致同意,则会在极大程度上影响商事交易的效率,不利于其他股东权益的保护。当涉及管理性权利的行使时,应当遵循《公司法》等商法规范优先,由登记的股权执行人行使管理性权利,婚姻法规范的“平等处理权”不应过分约束。婚姻法规范无法介入管理性权利的行使,即使夫妻双方达成一致意见,在不具有股权执行人明确授权或公示登记依法修改的基础上,非执行人都不得替代执行人行使管理性权利,以此能够保持公司内部运行的稳定。

(五)以商法优先适用为特殊补充

共有股权虽因夫妻关系而涉及民事规范,但在本质上仍属于商事法范畴。因此在商事法规范有明确的特殊规定时,应当优先适用商事法规范,以此作为协调路径中的特殊补充。例如,《证券法》第117条规定:“按照依法制定的交易规则进行的交易,不得改变其交易结果,但本法第一百一十一条第二款规定的除外……”在具备高流动性特征的市场经济中,商事金融活动的效率、市场交易安全以及金融交易监管便利的制度价值,都要高于夫妻共有财产权利保障的制度价值。如果放弃前者而着重保护后者,那么在极大程度上会影响诸如证券市场中集中交易的连续性和不可逆性,波及整个金融市场的稳定性。但此种补充不可任意扩大为当《公司法》等商事规范与《民法典》婚姻家庭法规范竞合时,均优先适用商事法规范。而是在考虑市场稳定性和交易安全的前提下,应当基于商事法规范的特殊规定而优先适用商事法规范,同时在处分收益上以婚姻法规范倾斜保护非处分方。

四、结　语

从《公司法》等商事规范与《民法典》婚姻家庭法规范协调规制夫妻共有股权出发,在两法的融合作用过程中,表面上是商法股权公示与行使规则与婚姻法规范夫妻共同财产处分规则的比较,实际上需要将两者与财产法上的共同共有制度进行结合。在逻辑上,以股权共有和共有股权属于夫妻共同财产为起点,改进《公司法》的股权公示登记,允许共有登记彰显夫妻股权共有状态;在内容上,以善意取得制度完善单方处分规则,区分行使管理性权利与处分性权利两大股权权能,并在特殊情形下优先适用商法规范,才能在夫妻共有股权的行使层面发挥组合优势,真正彰显《公司法》与《民法典》的立法理念,让夫妻共有股权在科学协调的法律体系中合理行使。

市场实务

INVESTOR

特别代表人诉讼通知制度实施中的问题*

刘　磊** 任雪雪***

摘　要：自我国特别代表人诉讼制度建立以来，在通知方式的适用上一直存在分歧。经梳理美国、澳大利亚、韩国等域外立法及实践，存在网上公告、邮寄、张贴通知等多种方式，并非单一的一一通知到人，在通知方式的选择上，应立足于我国国情及立法传统。结合首单特别代表人诉讼、普通代表人诉讼和先行赔付等诸多实践，从客观基础、各方当事人负担、立法对投资者诉权保护的现状和康美药业案的社会效果等各方面考虑，应当认为公告通知符合现阶段实际需要。

关键词：特别代表人诉讼　通知　先行赔付

自2020年3月1日《证券法》实施以来，特别代表人诉讼制度的建立备受热议。该制度的设立有助于全面落实对资本市场违法犯罪行为"零容忍"，极大提高违法违规行为成本。为配合这一制度的实行，最高人民法院、中国证监会及中证中小投资者服务中心分别制定了《关于证券纠纷代表人诉讼若干问题的规定》（以下简称《若干规定》）、《关于做好投资者保护机构参加证券纠纷特别代表人诉讼相关工作的通知》、《特别代表人诉讼业务规则（试行）》，并于2020年7月31日同时公开发布，为制度运行提供了具体依据。但《若干规定》对通知等程序性细节的规定具有或然性，国内尚未见到有相关专题性成果。特别代表人诉讼通知制度如何兼顾诉讼效率与权利保障，以及如何实现程序正义和实体正义平衡是值得思考的问题。

---

* 本文仅代表作者个人观点，作者观点与所任职机构无关。

** 中证中小投资者服务中心有限责任公司副总经理。

*** 中证中小投资者服务中心有限责任公司高级经理。

一、制度实施存在争议

由于《证券法》相关条文较原则,现有司法解释也未予以明确,审判实践也缺乏相应的经验积累,在特别代表人诉讼机制实施中,关于通知制度一直存在不同意见和看法,尤其在通知方式的选择上,存在较大分歧。有观点认为,司法解释中的"通知",即一一通知到人,是最好的、可行的通知,这是保障正当程序的必然要求。另有观点认为,一一通知到人对法院及投保机构提出了较高要求,在信息网络高速发展的今天,通过线上公告等方式进行通知,将极大提高诉讼效率,也能够实现对投资者诉讼权益的应有保护。

通知方式关系是否真正实现正当程序要求,并可能对众多原告投资者的合法权益产生重要影响,同时也是影响通知成本及效果最为直接的因素。下文将具体阐述通知制度在群体性纠纷解决机制中的重要功能,并简要对比域外对该制度的立法与实践经验,以期能够更好地理解和适用我国立法相关规定。

(一)制度构建旨在实现程序正当

正当程序是英美法系的一条重要的宪法原则,源于英国《自由大宪章》。1791 年通过的美国《宪法第五修正案》规定:"不经正当法律程序,不得被剥夺生命、自由和财产。"程序正当性主要体现在其程式和内涵伦理上。程序之所以受到如此重视,是因为任何实体的公正只能是相对的,而程序的公正才是绝对的。结果的公正必须有程序的保障,通过正当程序来确保结果的公正,结果是否公正往往也只能通过程序是否公正来确认和判断。[①] 正当程序的核心即当事人提供出庭、辩论的机会,并听取其意见,此为当事人的基本权利。正如我国《民事诉讼法》第 12 条的规定,人民法院审理民事案件时,当事人有权进行辩论。

根据我国《证券法》第 95 条第 1 款的规定,特别代表人诉讼机制适用于投资者提起的虚假陈述等证券民事赔偿诉讼。不同于一般民事诉讼,证券民事赔偿诉讼呈现"小额多数"的特点,为一次性解决涉及范围广阔的群体性纠纷,特别代表人诉讼按照"默示加入、明示退出"的原则,将群体性纠纷中所有原告一并纳入该诉讼,由投保机构作为代表人代表其进行诉讼,原告无须再出庭、辩论。在此情况下,就出现了诉讼

① 黄学贤:《正当程序有效运作的行政法保障——对中国正当程序理论研究与实践发展的学术梳理》,载《学习与探索》2013 年第 9 期。

的经济性要求与正当程序之间的矛盾,而通知制度的建立正是为了缓和这一冲突。通过将权利人名单、变更或者放弃诉讼请求等涉及自身权益的诉讼事项及时告知原告,保障其对诉讼重大事项的知情权、异议权、退出权等,能够营造良好的诉讼氛围,实现诉讼程序的正当化。

(二)立法和实践的梳理

1.通知的方式

《若干规定》仅对特别代表人诉讼通知的主体和事项进行了规定,并未对具体通知方式进行明确。在已有的首单特别代表人诉讼及普通代表人诉讼司法实践中,均是采取公告通知方式,但实务中仍存在一定分歧。

韩国《证券集体诉讼法》强调的是全国性日报上的公告,这也是韩国集体诉讼通知方式的特色。① 美国集团诉讼适用"最佳通知"的原则,要求要向集团成员进行最好的、可行的通知,对已知的成员,应当进行个别通知,通常采用邮寄的方式。如果通过合理努力不能获得成员的姓名和地址,法院必须在律师的协助下依据案情来决定什么是实际可行的最佳通知。可供选择的发送通知方法有:公告通知、网上通知、在集团成员可能经常出现的地方张贴通知。② 澳大利亚集团诉讼的通知方式与美国相反:以公告通知为原则,个别通知为例外。③ 只有在个别通知合理、可行且费用不高的情况下,法院才会同意采取此种通知方式。

2.通知的主体

我国特别代表人诉讼的通知主体由《若干规定》进行了详细的规定,通知主体涉及法院及代表人。《若干规定》中共出现9次"通知",其中法院作为通知主体的有6次,代表人作为通知主体的有3次。

关于域外集团诉讼的通知主体,根据各国的相关法律法规,一般应当由原告方代表进行通知,如美国、加拿大,通常是由集团诉讼的代表人和律师完成的。韩国《证券集团诉讼法》的规定不同于美国和加拿大,履行通知义务的主体为法院,并非原告方。澳大利亚并未在其法律中直接明确集团诉讼的通知主体,而是由法院通过决定的形

---

① 罗斌:《集团诉讼通知制度研究——以美国、澳大利亚、加拿大和韩国为对象的比较法考察》,载《法学杂志》2009年第6期。

② 中南大学法学院课题组:《美国证券集团诉讼法研究》,载道客巴巴网,http://www.doc88.com/p-180631587217.html。

③ 罗斌:《集团诉讼通知制度研究——以美国、澳大利亚、加拿大和韩国为对象的比较法考察》,载《法学杂志》2009年第6期。

式进行说明,因此原被告双方当事人均可能成为通知主体。

3. 通知的事项

《若干规定》中的通知事项包括原告名单、调解协议草案、上诉等关系原告诉讼利益的重大事项。其中,人民法院通知事项有6处:(1)人民法院应当在普通代表人诉讼登记期间届满后十日内对登记的权利人进行审核,并将审核后的原告名单通知全体原告(第11条)。(2)投保机构依据特别代表人诉讼登记公告确定的权利人范围调取的权利人名单,人民法院应当登记并将原告名单通知全体原告(第35条)。(3)人民法院经初步审查,认为调解协议草案不存在违法因素的,向全体原告发出通知(第19条)。(4)代表人和被告可以根据听证会的情况,对调解协议草案进行修改,人民法院应当将修改后的调解协议草案通知所有原告(第20条)。(5)人民法院准备制作调解书的,应当通知提出异议的原告,告知其可以在收到通知后10日内向人民法院提交退出调解的申请(第21条)。(6)人民法院应当编制分配方案并通知全体原告(第30条)。

代表人通知事项有3处:(1)代表人变更或者放弃诉讼请求、承认对方当事人诉讼请求、决定撤诉的,应当向人民法院提交书面申请,并通知全体原告(第22条)。(2)一审判决送达后,代表人决定放弃上诉的,应当在上诉期间届满前通知全体原告(第27条)。(3)一审判决送达后,代表人决定上诉的,应当在上诉期间届满前通知全体原告(第28条)。

在美国集团诉讼中,原则上涉及通知的时点有两个:一是法院确认集团诉讼成立后,根据法院的相关要求,代表人要将该集团诉讼的基本情况通知其代表的成员,成员可自行决定是否退出该诉讼;二是集团诉讼案件以和解方式结案的,代表人和律师应当将和解协议的内容、具体的分配方案以及诉讼费用等基本情况及时通知成员。实践中,因集团诉讼涉及的原告数量巨大,通知的成本极高,案件也多以和解方式结案,对于短期内拟和解的集团诉讼案件,代表人往往会向法院申请一次性向集团成员通知集团诉讼成立及和解事项,以节约相关费用。

(三)通知方式不一,应结合国情进行解释

1. 通知方式存在较大差异

通过梳理域外立法和实践,不难发现证券集团诉讼的通知方式较多,如网上公告、邮寄、张贴通知等,并非单一的一一通知到人。直接通知的观点在域外部分国家司法实践中也存在争议,有法官认为,如果一个诉讼满足了民事诉讼规则的其他要求,则法官应当考虑适当的通知方式,以保证集团诉讼的进行,而最理想的状态是在"合理的努力"的范围内,集团成员得到切实可行的最好的通知,但这种通知未必是个别性通知。① 在替代性通知方式的选择上,多从通知费用、集团成员退出的意愿等方面进行考虑,若可能的通知费用过高,集团成员基本不会选择退出,则在全国性媒体上进行公告属于合适的通知方式。

2. 应结合国情及立法传统进行解释

我国《公司法》规定,公司发行无记名股票的,应当于股东大会召开 30 日前公告会议召开的时间、地点和审议事项。虽然《公司法》亦明确股份有限公司可发行无记名股票,也可发行记名股票,但实践中除发起人、法人外,其余基本为无记名股东,公司仅记载其股票数量、编号和发行日期,相关会议通知也采取公告方式。另外,公告也是我国《证券法》明确的通常的通知方式,公司经营情况、重大投资行为、重要合同等重大事件,均须进行公告。一方面,对股东权利进行充分的考虑和保护是现代公司制度的重要支点。② 对股份有限公司股东来说,参加股东大会是其参与公司治理最基础的途径,《公司法》通过要求公司及时公告的方式,保障股东能够顺利参加股东大会,维护其合法权益。另一方面,《证券法》对投资者知情权、投资决策权等一系列权利的保护,也主要借助公司真实、准确、完整的信息披露得以实现。综合来看,公告通知是《公司法》《证券法》等基本法律保护股东及投资者基本权利的通行方式,特别代表人诉讼中投资者诉讼权益的维护,也同样可以参考借鉴。

前期,有观点认为应参考邮寄为主的通知方式,实现一一通知,但邮寄通知的方式与相关国家立法传统有较大关系,对特别代表人诉讼的通知的可借鉴性不强。例如,美国《特拉华州普通公司法》第 222 条规定,如果需要或允许股东在会议上采取任何行动,则需要发送书面会议通知,并载明会议地点(如有)、会议的时间日期、远程通信方式(如有)、确定在大会上享有表决权股东的记录日期以及召开特别股东会议的目的等信息。如果通过邮寄的方式发送,当该通知交付邮政、采用邮资预付的方式发送至公司记录的各股东地址时,视为该通知送达。股东大会召开通知等公司日常运营事项,一般都采取邮寄方式通知,这也不难理解集团诉讼重要事项为何须邮寄通知。

---

① 罗斌:《证券集团诉讼研究》,法律出版社 2011 年版,第 120 ~ 121 页。

② 郝磊:《多元利益平衡视野中的股东权利保护》,载《人民司法》2006 年第 3 期。

二、先行赔付及代表人诉讼的通知实践

(一)先行赔付相关做法可借鉴性不强

截至2021年7月,先行赔付制度在实务中仅有"万福生科案""海联讯案""欣泰电气案"三起案例。在这三起案例中,均由中国证券投资者保护基金有限责任公司管理专项赔偿资金,但关于赔付的具体方案等细节则由先行赔付人具体负责。为推动先行赔付工作的顺利开展,实现投资者尽早获赔,由中国证券业协会协调,从相关券商调取投资者联系方式,并由券商向投资者发送短信,提醒其前往相关网站具体查看赔付信息,按照流程要求进行申报,整体效果良好。

但先行赔付中的通知系券商的一种公益性服务,并非法定义务,为单向通知,并不能接收投资者反馈或回执。特别代表人诉讼中通知属于法定义务,如参照先行赔付的做法,一旦出现投资者未实际收到通知的情况,可能引发较大的法律风险,也会极大削减券商参与的积极性。另外,在特别代表人诉讼涉及投资者数量巨大、通知事项繁多的情况下,通知成本将远高于先行赔付制度。

(二)代表人诉讼实践均为公告通知

自《若干规定》正式实施以来,普通代表人诉讼和特别代表人诉讼案件陆续进入实操阶段,包括杭州市中级人民法院"五洋债欺诈发行案"、上海金融法院"飞乐音响虚假陈述案"、南京市中级人民法院"辉丰股份虚假陈述案"以及广州市中级人民法院"康美药业特别代表人诉讼案",相关事项均是通过公告方式进行通知。

1."五洋债欺诈发行案"。2020年3月13日,杭州市中级人民法院发布《"15五洋债""15五洋02"债券自然人投资者诉五洋建设集团股份有限公司等人证券虚假陈述责任纠纷系列案件公告》,法院通过浙江证券期货纠纷智能化解平台,通知适格投资者进行线上登记。

2."辉丰股份虚假陈述案"。2020年5月8日,南京市中级人民法院在官网发布蓝丰生化、澄星股份、辉丰股份及怡球资源四起案件的证券纠纷代表人诉讼登记公告,符合条件的受损投资者可在公告发布之日起30日内至南京市中级人民法院诉讼服务中心进行线上登记。

3."飞乐音响虚假陈述案"。2020年9月28日,上海金融法院发布飞乐音响代表人诉讼权利登记公告,所有符合条件的适格投资者可以向法院申请权利登记。为便

利代表人诉讼程序的进行,法院依托官网建立了全在线的代表人诉讼平台,立案受理、权利人范围审查、权利登记、代表人推选再到案件审理以及后续投资者提起诉讼全部在线进行。

4."康美药业特别代表人诉讼案"。作为全国首例特别代表人诉讼,本案对后续特别代表人诉讼案件的推进具有十分重要的指导意义。2021 年 3 月 26 日,广州市中级人民法院在其官网发布关于康美药业证券虚假陈述责任纠纷的普通代表人诉讼权利登记公告,投资者可通过微信小程序"广州微法院"进入代表人诉讼平台申请登记。为便利投资者就案件有关事项进行查询,法院开通了专门号码供投资者咨询使用。6 月 12 日,法院发布了特别代表人诉讼原告资格查询公告,投资者通过微信小程序"广州微法院"进入代表人诉讼平台查询经法院审查确认后的原告名单。

三、特别代表人诉讼通知方式的选择

(一)注重对立法理念的理解

《证券法》第 95 条规定的特别代表人诉讼制度设计的出发点,是降低投资者维权成本,让小额多数的受害投资者得到公平、高效的赔偿,保护中小投资者合法权益。对于特别代表人诉讼重要事项的通知方式是否符合适格通知的标准,应当从特别代表人诉讼的立法理念来进行考虑。我国证券市场投资者已经达到 1.67 亿,其中 95% 以上为中小投资者。当遭受证券违法行为侵权时,由于索赔金额较小、不具备专业诉讼能力等原因,许多中小投资者往往会放弃权利救济,不敢诉、不愿诉、不能诉现象突出。与现有单独诉讼、共同诉讼不同,特别代表人诉讼通过代表人机制、专业力量的支持以及诉讼费用减免等制度,能够大幅度降低受损害投资者的维权成本和诉讼风险,解决受害者众多分散情况下的起诉难、维权贵的难题。立足于前述背景情况,不仅要考虑对投资者程序性权利的保护,还要考虑诉讼实际情况,从如何更公平、高效地让投资者获得赔偿,一次性化解群体性纠纷的角度进行理解。对法条中规定不明的情形,通过司法实践中的反馈,进行归类总结,最终通过法律解释的形式对其进行弥补。因为法律必然有其统领性和概括性的特征,所以应当重视司法解释的作用。①

(二)公告通知符合现阶段实际需要

现有司法解释并未对特别代表人诉讼通知方式进行明确规定,需要作进一步细

① 宋雅坤:《网络名誉侵权案件中"通知规则"适用研究》,河北师范大学 2018 年硕士学位论文,第 19 页。

化和完善。结合我国国情以及司法实践,建议后续特别代表人诉讼参考首单做法,采用公告等方式进行通知,主要理由有以下方面。

1. 个别通知不具备客观基础,可能造成诉讼各方负担加重

特别代表人诉讼涉案人数巨大,可达数万甚至数十万,我国并未建立数字化的短信或邮件通知平台,无法做到线上批量通知,并不具备一一通知到人的客观基础。另外,我国立法规定的通知事项和次数繁多,如采取一一通知方式,通知费用也必然更大,所产生的资源耗费将巨大,也必将加重案件当事人、投保机构以及法院等各方的负担。当前信息技术飞速发展,网络参与者快速增长,信息普及率和受众面得到快速扩展。信息网络化能够有效减少信息不对称分布,提高信息资源的利用率,在降低信息成本方面更显得独特而行之有效。[①] 相比一一通知,公告通知成本更低,效率更高,更能有效节约司法资源。在证券领域大规模侵权现象频发的情况下,特别代表人诉讼制度的建立有其必然性,虽然该制度可能引发程序正当性的争议,但不能因诸如通知方式等问题使特别代表人诉讼制度无法运行,否则可能引发社会公众对于立法和司法的质疑。如后续法院等建成相关系统平台,能够依托信息化技术手段开展个别通知工作,则可彻底解决当前存在的争议。

2. 立法已从多方面构建了保障被代表投资者诉权的立体化格局

一是明确规定了代表人的资格。我国《证券法》第95条第3款规定了投保机构受50名以上投资者的委托,可以作为代表人参加诉讼。不同于美国由律师主导的集体诉讼,我国特别代表人诉讼仅能由投保机构担任代表人。由公益性机构作为代表人具有诸多优势:一方面,投保机构介入不会引发滥诉;另一方面,投保机构具有专业性优势,由其作为诉讼代表人,可以有效地从专业视角聘请专业律师进行代理服务,也可以精准地对诉讼律师的代理活动实施诉讼监督,避免被专业律师绑架或操纵,从而损害中小投资者的合法权益。[②]

二是赋予了投资者对重大诉讼事项的监督权。以调解程序为例,代表人与被告达成调解协议草案的,应当向法院提交申请书,经法院初步审查后通知投资者,投资者如有异议,有权出席听证会或书面说明异议和理由,也可在法定期限内行使退出权。此外,代表人变更或者放弃诉讼请求、承认对方当事人诉讼请求、决定撤诉的,应当向法院提交书面申请,并通知全体原告。法院根据原告所提异议情况,依法裁定是

① 李光:《信息网络化给我国带来的机遇与挑战》,载《科技进步与对策》2001年第4期。

② 汤维健:《中国特色的证券代表人诉讼》,载《人民司法》2020年第28期。

否准许。

三是充分保障投资者自行提起诉讼、上诉或者放弃上诉的权利。投资者如基于自身利益诉求和风险偏好等考虑,可以退出特别代表人诉讼,自行向法院提起诉讼。针对上诉事项,一审判决送达后,无论代表人是否决定上诉,都应当在上诉期届满前通知原告,原告有权在收到通知之日起15日内提起上诉或放弃上诉,不受代表人关于上诉事项所做决定的限制。

四是投保机构应当采取必要措施,保障被代表的投资者持续了解案件进展情况。投保机构对投资者提出的意见和建议不予采纳的,应当做好解释工作。

3. 首案取得较好的社会效果

首单特别代表人诉讼康美药业案推进中,除《若干规定》明确的通知事项外,对公开征集50人情况、提交转换申请等重要事项,投保机构均通过中国投资者网等平台进行公告,并通过专线电话、网站等方式接收投资者意见建议,回应投资者关切事项,协助做好信息披露工作,保障被代表投资者的合法权益,实践中并没有投资者对此提出疑问,取得了较好的社会效果。

四、结　　语

诚然,特别代表人诉讼制度在我国刚刚落地实施,还有许多需要完善的地方,在解释和适用特别代表人诉讼通知制度时,应当立足国情和立法传统。特别代表人诉讼制度的建立有其必然性,在并不具备一一通知的客观条件的情况下,首案实践中公告通知取得良好效果,通知方式等具体实操问题不能也不应成为制度运行的障碍,应当用好用足现有法律和司法解释构建的机制体系,不断积累司法实践经验,进一步完善司法解释有关通知的规定,推动代表人诉讼制度常态化开展。

合理区分主体责任，精准打击信披违法

——决不让投资者为造假买单

湖南证监局调研组*

摘 要：针对上市公司信息披露违法违规，稽查执法如何提高执法的精准度和有效性，既从严打击违法行为，又坚决保护上市公司合法权益，进一步强化稽查执法服务实体经济的能力，是亟待解决的问题。本文从稽查执法区分大股东、实际控制人与上市公司信息披露责任的必要性、法理依据入手，对具体区分标准进行理论分析，并结合案件查办“三个区分”指导原则，针对探索区分责任主体实施差异化处理，实现监管执法的精准打击，并提出相关建议。

关键词：信息披露违法违规 责任主体 精准执法

近年来，大股东、实际控制人恶意操控上市公司，并实施违规担保、资金占用和财务造假的行为频发。对此，中国证监会积极履行资本市场监管职责，持续对违法违规行为保持高压态势，但囿于以上市公司作为信息披露第一责任人的制度建构逻辑，中国证监会案件查处操作中通常采用上市公司、大股东和实际控制人信息披露义务一体化的做法。这种做法有利于提升稽查办案效率，但也容易导致股价异常波动，影响公司的正常经营，使上市公司为大股东、实际控制人违法行为背负主要责任，进而导致广大中小投资者遭遇非正常市场风险，实质上为大股东、实际控制人的违法违规行为买单。

2020 年 4 月，国务院金融稳定发展委员会召开的第二十六次会议要求“监管部

---

* 湖南证监局调研组组长：何庆文，中国金融期货交易所党委书记，湖南证监局原党委书记、局长。组员：黄志慧，湖南证监局会计处副处长；李荐科，湖南证监局稽查处一级主任科员；邓经天，湖南证监局稽查处二级主任科员。

门依法加强投资者保护，提高上市公司质量，确保真实、准确、完整、及时的信息披露”；新华社当月发表文章《决不能让投资者为企业造假买单》；10 月，国务院印发《关于进一步提高上市公司质量的意见》（国发〔2020〕14 号）明确提出，完善违法违规行为认定规则，办理上市公司违法违规案件时注意区分上市公司责任、股东责任与董事、监事、高级管理人员等个人责任。2021 年 7 月，中共中央办公厅、国务院办公厅联合印发《关于依法从严打击证券违法活动的意见》，强化重大证券违法犯罪案件惩治和重点领域执法，明确要求加大对证券发行人控股股东、实际控制人、董事、监事、高级管理人员等有关责任人证券违法行为的追责力度。2020 年，易会满主席在“5·15 全国投资者保护宣传日”活动上就稽查执法提出“三个区分”的指导原则，即区分实质违规与形式瑕疵，区分受疫情影响与借机造假，区分上市公司与控股股东、实控人责任。本文就稽查执法中如何区分大股东、实际控制人与上市公司信息披露责任，进行理论上的探讨。

一、区分大股东、实际控制人与上市公司信息披露责任的必要性

当前资本市场正处于全面深化改革关键时期。资本市场不仅是国民经济的“晴雨表”“温度计”，更是实体经济发展的“助推器”。要充分发挥资本市场资源配置、政策传导、风险防范化解和预期引导的枢纽功能，实现资本市场服务实体经济的目标，就必须更好地发挥上市公司的基石作用，从源头上提升上市公司的质量和透明度。针对上市公司信息披露违法违规，稽查执法如何提高执法的精准度和有效性，既从严打击违法行为，又坚决保护上市公司合法权益，进一步强化稽查执法服务实体经济的能力，是我们亟待解决的问题。

从相关案例看，在正常状态下，上市公司大股东、实际控制人的合理意志可以通过股东大会、董事会等意思表示机关转化为公司意思表示，即上市公司与大股东、实际控制人的意志是能够独立得以体现的，不存在混同的情况，符合《公司法》的基本精神和《证券法》的主旨原意。但是在复杂的市场环境中，大股东、实际控制人行为背后是否具有合理的意志与诉求，能否合理地行使其手中的控制权，能否为上市公司和全体股东谋取利益，均存在一定的道德风险。现实过程中，大股东、实际控制人直接越过上市公司进行违法违规活动；或者通过控制公司法定代表人、董监高等人员，操控上市公司决策程序，混同大股东、实际控制人与上市公司意志情况均有出现。因此，

在特定情况下区分大股东、实际控制人与上市公司行为,确认信息披露责任归属,具有十分重要的现实意义。

从执法效果看,当前执法实践中对上市公司信息披露行为实行的严格责任(绝对责任、无过错责任)归责原则,虽然有利于传导行政监管压力和提升监管效能,但是在强化服务实体经济和有效保护投资者方面却存在一定负面影响:一是在公司发展层面,由于上市公司对其他信息披露义务人的违法行为也需要承担主体责任,导致大股东、实际控制人更加有恃无恐,严重干扰了上市公司的正常经营、损毁公司商业信誉、破坏公司治理结构,更会直接影响上市公司的资本运作,不利于提升上市公司质量,夯实资本市场基础。二是在投资者保护层面,新《证券法》大幅度提升了处罚标准,如因大股东、实际控制人的违法违规行为而处罚上市公司,实际上最终由上市公司股东(特别是中小投资者)为大股东、实际控制人不法行为买单,可能造成公司股价下跌、投资者信心受创、诉讼维权的恶性循环。因此,探索区分责任主体,实现对违法行为人的精准有力打击,既能有效地威慑违法者,又能合理保护上市公司投资者整体利益。

二、区分大股东、实际控制人与上市公司信息披露责任的法理依据

(一)信披义务主体

从法律表述来看,新修订的《证券法》扩充了信息披露义务人主体的范围,即"发行人及法律、行政法规和国务院证券监督管理机构规定的其他信息披露义务人,应当及时依法履行信息披露义务"。从中国证监会配套的规范性文件来看,《上市公司信息披露管理办法》与《信息披露违法行为行政责任认定规则》等规章制度对信息披露义务人也作出了具体的规定。因此,依据法律和中国证监会的相关规定,大股东、实际控制人属于一类独立的信息披露义务主体。

(二)法人独立人格

《公司法》规定了公司作为独立法人,能够作出意思表示,并与相关个人的意思表示进行区分。最高人民法院发布的《全国法院民商事审判工作会议纪要》规定"债权人根据上市公司公开披露的关于担保事项已经董事会或者股东大会决议通过的信息签订的担保合同,应当认定有效,但是,若上市公司法定代表人或者签约代表没有机关决议授权,违规代表公司为他人提供担保,上市公司不承担责任"。最高人民法院

认为上市公司属于公众公司,如果其违规担保,会影响股东和潜在股东的利益,也会影响证券市场的健康发展。根据现有制度要求,上市公司只要进行合规担保,都会进行公告。实际上,《全国法院民商事审判工作会议纪要》明确相关行为需要上市公司进行“明确的意思表示”,通过提升债权人的审查责任和交易成本的方式,确保上市公司在人格上的独立性。

(三)责任自负原则

法律责任的认定和归结简称“归责”,责任自负原则便是一项基本的归责原则,只有在法律明确规定的特殊情况下,才能由其他主体来承担法律责任。其含义主要包括:一是违法行为人应当对自己的违法行为负责;二是不能让没有违法行为的人承担法律责任;三是要保证责任人受到法律追究,也要保证无责者不受法律追究,做到不枉不纵。监管部门坚持从严监管,将履行信息披露责任的压力有效传导至上市公司,监管效能明显提升。但是除了上市公司,其他信息披露义务人也是独立的责任主体,如果把信息披露责任无条件地捆绑在上市公司身上,而忽略了其他责任主体的动机和行为,必然导致行政监管偏离目标、执法打击偏离重点。因此,在未区分责任主体前,不宜简单把大股东、实际控制人的信息披露责任等同于上市公司责任,行政处罚中,也应遵从责任自负原则的要求。

前期,湖南证监局查办的“千山药机信息披露违法违规案”已于2020年7月由中国证监会对千山药机和刘某某等14人作出了行政处罚,对相关不知情、未参与违法行为的独立董事未予处罚,该案中已开始尝试探索责任主体区分,实施精准打击。2020年媒体报道的“万达信息股东违规占用资金案”中,实际控制人史某某指使相关主体从事信息披露违法行为并隐瞒相关事项,导致万达信息出现未按规定披露关联交易等情况,上海证监局对实际控制人进行了单独立案调查,并对其作出行政处罚,该案是对“精准监管、科学问责”的积极尝试。我们在对违规担保、资金占用、以市值管理为目的的财务造假等行为的查处中,应积极探索与信披义务主体、法人独立人格、责任自负原则相适应的调查程序,严格区分责任主体,实现对信息披露违法违规行为的精准打击。

三、区分大股东、实际控制人与上市公司信息披露责任的具体标准

在违规担保、资金占用、财务造假等信息披露违法违规案件的查办过程中,我们

发现大股东、实际控制人,通过控制上市公司的法定代表人、董事会成员及其他高管人员,利用上述人员的不当行为使得公司的外在行为违背内在意思表示,进而损害上市公司利益。例如,无视公司内控程序,直接控制公章用印、越过财务总监控制出纳、控制部分董监高成员不履行正常决议程序等。更有甚者,大股东、实际控制人利用控制地位,直接越过上市公司从事违法违规活动,例如,直接控制上市公司子公司,虚化母公司控制,借助业务伙伴或者私募基金等从事利益输送等。

我们认为在上述情况中,相关行为主要由大股东、实际控制人主导和组织,上市公司作为独立主体没有参与或是被动参与,并且没有作出独立的意思表示,同时结合对公司法定代表人、董监高及其他工作人员职务行为的认定,可以从以下几方面探索区分大股东、实际控制人与上市公司信息披露责任。

(一)行为主体——是否属于职务行为

上市公司法定代表人、董监高等工作人员职务行为的认定是区分大股东、实际控制人与上市公司信息披露责任的重要判断工具。职务行为包括法定代表人的职务代表行为和董监高等其他工作人员的职务代理行为。根据《民法典》《公司法》的相关规定,法定代表人是依照法律或者公司章程的规定,代表法人从事民事活动的负责人,由董事长、执行董事或者经理担任,并依法登记。上市公司中,法定代表人一般是董事会的主要负责人担任,对外代表法人为意思表示,法定代表人的意志和法人之人格,在公司章程规定的职务范围之内,是融合为一的。同时,法定代表人并非表达法人意志的唯一个体,也可通过代理制度表达。只要在职务范围内,公司的员工就能代理公司的行为,而无须再由法定代表人签字同意。上市公司董监高及具有明确职务人员的职务代理行为均可以在某些场景下代表公司意志。与之相对,当事人无代表权/代理权、超越代表权/代理权或代表权/代理权终止后所为之行为,则属于无权代表/代理,该行为只是当事人之个人行为,且行为的法律后果由当事人个人或背后授权的大股东、实际控制人承担。

(二)信披程序——意思表示是否真实

意思表示就是行为主体把进行法律行为的"内心意愿"以一定的方式表达于外部的行为,是公司行为的基本要素和关键核心。就信息披露所涉事项,上市公司需要履行一系列严格的编制、审议、披露等程序以保障其意思表示的真实性,这也是上市公司区别于非上市公司显著的特点之一。若上市公司董监高等成员明知相关行为损害上市公司与中小股东利益,法定代表人、董事会、监事会等意思表示机关,仍在大股东、实际控制人的组织、指使下履行了相关决策程序，并隐瞒或虚假披露相关事项，其意思表示形式上已完成，但实质上不属于上市公司真实意思表示。因此，通过调查上市公司信息披露决策程序的正当性来判断其意思表示的真实性，也是区分大股东、实际控制人行为与上市公司行为的重要标准。

（三）损害责任——权责利是否对等

现有制度下"信息披露违法违规"既包括上市公司自身的隐瞒、造假等行为损害投资者权益，也包括大股东、实际控制人的违法行为损害上市公司、投资者权益的情况。部分上市公司股权结构存在"一股独大"的现状，很多大股东、实际控制人获取私人收益的方式伴随着对中小股东以及公司利益的损害。执法实践中，除违规担保、资金占用外，大股东、实际控制人还利用其控制上市公司管理层的优势，通过关联交易、以市值管理为目的的财务造假等行为，操纵上市公司利润，以维持其进一步侵占上市公司利益的特权。在这类情况下，大股东将上市公司的利益转移至自己手中，但中小股东按股权比例承担由于利益侵占给上市公司带来的亏损。因此，在责任自负的原则要求下，需要通过损害责任的辨别来区分信息披露义务主体，找准责任主体，在权责利对等的基础上承担相应的行政、民事和刑事责任。

以上述标准来衡量上市公司及法定代表人、董监高及其他履行职务的行为，则可以判断上述人员是否被大股东、实际控制人操控，相关违法违规行为究竟是上市公司行为，还是大股东、实际控制人的行为。

四、稽查执法中的建议

织牢织密投资者保护网，强化服务实体经济，不让投资者为资本市场造假行为买单的根本解决路径是：以习近平总书记关于资本市场重要讲话为遵循，以新修订的《证券法》及《关于依法从严打击证券违法活动的意见》、《关于进一步提高上市公司质量的意见》实施为契机，提高政治站位，敢于担当，探索区分责任主体并差异化处理，实现监管执法的精准打击。

（一）扩充行政责任体系

扩充上市公司大股东、实际控制人的行政责任体系，推动行政处罚与民事赔偿、刑事追责之间相协调。首先，在中国证监会规章层面，应该探讨区分二者信息披露责任的制度，将《证券法》、两个意见的要求落实到执行层面，并为执法处罚提供明确的依据。其次,在民事责任方面,要充分考虑“中小股东”诉讼“大股东、实际控制人”的制度衔接,建立大股东、实际控制人主体赔偿责任机制,确保中小股东利益。最后,在刑事责任方面,严厉打击潜藏在幕后操控上市公司的大股东、实际控制人,对涉嫌背信损害上市公司利益、挪用资金、职务侵占等犯罪行为的大股东、实际控制人,站在保护资本市场中枢地位的高度进行严肃查处。

(二)建立责任区分机制

在初查过程中就要建立责任区分机制,将“区分大股东、实际控制人与上市公司信息披露责任”作为调查的一项主题,全面收集证据,在主体和意思表示混同的情况下,要明确究竟是股东和实际控制人行为,还是上市公司的行为。立案时合理运用法人独立人格制度,细化和区分责任主体,实现精准立案。同时,在查办大股东、实际控制人信息披露违法违规行为的过程中,同步关注虚假披露行为伴生的上市公司股价异常波动,查清背后的获益主体与大股东、实际控制人的关系,实现信息披露违法违规案件与异常交易类案件的联动查办,真正实现精准打击,保护中小投资者利益。

(三)强化作风建设与廉政监督

一方面,要转作风、变思维。要学懂弄通做实“三个区分”的指导原则,既力戒以“免责”为目标的形式主义,又力克机械执行法律法规的思维定式,破除稽查执法中的路径依赖等懒政庸政行为,进一步强化服务实体经济的执法理念,探索对上市公司与大股东、实际控制人的责任区分、区别对待,保护投资者合法权益。另一方面,要守底线、强监督。针对上市公司信息披露案件中主体责任区分的监管弹性变化,以及同步增加的廉政风险,要保持高度警惕。着力从制度监督、程序约束、决策留痕上做好廉政风险防控,扎牢制度的笼子,既要为勇担当者建立起容错机制,更要为勇担当者守好廉洁底线。

证券虚假陈述民事赔偿中的连带责任

——以中介机构责任为视角

秦 政[*] 胡 波[**]

摘 要:中介机构证券虚假陈述民事责任应从其主观过错形态和对损害后果的原因力两方面予以考量。对于违反特别注意义务,且对全部损失具有因果关系的,应承担一般连带责任;若其对部分损失具有因果关系,则按比例承担部分连带责任。对于违反普通注意义务,且对全部损失具有因果关系的,应在全部损失范围内承担补充责任;若其对部分损失具有因果关系,则就该部分承担补充责任。

关键词:证券虚假陈述 连带责任 比例连带责任 补充责任

近年来,证券市场虚假陈述民事索赔案件集中爆发,各地法院的审判实践中对发行人、上市公司外的其他主体尤其是中介机构的责任承担问题上,出现了持各种不同观点的判例,如一般连带责任、比例连带责任、补充责任等。这种情况一定程度上有利于对证券虚假陈述民事案件中各被告责任承担的研究和探索,但司法实践中裁判标准的不统一,损害了法律的指引性、预测性等功能,也不利于资本市场的健康发展和秩序稳定。因此,厘清证券虚假陈述案件中中介机构连带责任适用的相关问题,实有必要。

一、法律、司法解释对于中介机构责任的相关规定之梳理

(一)《证券法》对中介机构责任规定的变迁

司法解释的规定和司法判决的认定都要以《证券法》关于中介机构责任承担的规

* 上海锦天城(广州)律师事务所高级合伙人。

** 上海锦天城(广州)律师事务所律师。

定为基础和依据,而《证券法》在多次大修后,相关规定经历过多次变迁,司法实践中"保千里案""中安科案"的判决亦通过对《证券法》相关规定变迁史的引证来论述其判决的合理性,因此考察《证券法》相关规定的变迁对这一问题的研究有着重要意义。

1999 年生效的《证券法》规定了发行人和承销商及其董监高的虚假陈述民事责任,其中发行人和承销商是承担赔偿责任的主体,发行人、承销商负有责任的董监高承担"连带赔偿责任"。① 同时,对于审计机构、资产评估机构和律师事务所出具报告的责任规定"就其负有责任的部分承担连带责任"。②

2005 年《证券法》修订时,赔偿责任的主体仅为发行人、上市公司,而保荐人、承销商成了承担连带赔偿责任的主体,且其归责原则为过错推定,可通过证明自身无过错而免责。③ 同时,规定审计机构、资产评估机构、财务顾问机构、资信评级机构以及律师事务所等证券服务机构制作、出具的文件存在虚假陈述的,亦应当与发行人、上市公司承担连带赔偿责任,归责原则同样为过错推定。④ 2013 年、2014 年修订《证券法》时,对 2005 年《证券法》的上述规定未作修改。

2019 年修订的《证券法》第 85 条基本继承了 2005 年《证券法》第 69 条的规定,但将承担赔偿责任的主体改为了"信息披露义务人",同时增加了保荐人、承销商的直接责任人员承担过错推定的连带赔偿责任的规定。⑤ 对证券服务机构责任的规定也

---

① 1999 年《证券法》第 63 条规定:"发行人、承销的证券公司公告招股说明书、公司债券募集办法、财务会计报告、上市报告文件、年度报告、中期报告、临时报告,存在虚假记载、误导性陈述或者有重大遗漏,致使投资者在证券交易中遭受损失的,发行人、承销的证券公司应当承担赔偿责任,发行人、承销的证券公司的负有责任的董事、监事、经理应当承担连带赔偿责任。"

② 1999 年《证券法》第 161 条规定:"为证券的发行、上市或者证券交易活动出具审计报告、资产评估报告或者法律意见书等文件的专业机构和人员,必须按照执业规则规定的工作程序出具报告,对其所出具报告内容的真实性、准确性和完整性进行核查和验证,并就其负有责任的部分承担连带责任。"

③ 2005 年《证券法》第 69 条规定:"发行人、上市公司公告的招股说明书、公司债券募集办法、财务会计报告、上市报告文件、年度报告、中期报告、临时报告以及其他信息披露资料,有虚假记载、误导性陈述或者重大遗漏,致使投资者在证券交易中遭受损失的,发行人、上市公司应当承担赔偿责任;发行人、上市公司的董事、监事、高级管理人员和其他直接责任人员以及保荐人、承销的证券公司,应当与发行人、上市公司承担连带赔偿责任,但是能够证明自己没有过错的除外;发行人、上市公司的控股股东、实际控制人有过错的,应当与发行人、上市公司承担连带赔偿责任。"

④ 2005 年《证券法》第 173 条规定:"证券服务机构为证券的发行、上市、交易等证券业务活动制作、出具审计报告、资产评估报告、财务顾问报告、资信评级报告或者法律意见书等文件,应当勤勉尽责,对所依据的文件资料内容的真实性、准确性、完整性进行核查和验证。其制作、出具的文件有虚假记载、误导性陈述或者重大遗漏,给他人造成损失的,应当与发行人、上市公司承担连带赔偿责任,但是能够证明自己没有过错的除外。"

⑤ 2019 年《证券法》第 85 条规定:"信息披露义务人未按照规定披露信息,或者公告的证券发行文件、定期报告、临时报告及其他信息披露资料存在虚假记载、误导性陈述或者重大遗漏,致使投资者在证券交易中遭受损失的,信息披露义务人应当承担赔偿责任;发行人的控股股东、实际控制人、董事、监事、高级管理人员和其他直接责任人员以及保荐人、承销的证券公司及其直接责任人员,应当与发行人承担连带赔偿责任,但是能够证明自己没有过错的除外。"

基本沿袭了2005年《证券法》的规定。[①]

(二)相关司法解释对中介机构责任的规定

2003年《关于审理证券市场因虚假陈述引发的民事赔偿案件的若干规定》(以下简称《若干规定》)第23条规定承销商、上市推荐人对虚假陈述造成的损失承担赔偿责任,其负有责任的董监高负连带责任,且归责原则均为过错推定;[②]第24条规定专业中介服务机构及其直接责任人“就其负有责任的部分承担赔偿责任”,归责原则亦均为过错推定。[③] 同时,《若干规定》第27条、[④]第28条[⑤]分别对中介机构和其责任人员构成共同虚假陈述并承担连带责任的情形进行了规定。《若干规定》是证券虚假陈述民事纠纷领域最重要的司法解释,其对中介机构虚假陈述责任的规定较为详尽,现在仍是司法审判的重要依据。

2007年最高人民法院《关于审理涉及会计师事务所在审计业务活动中民事侵权赔偿案件的若干规定》(以下简称《审计侵权规定》)亦将审计机构虚假陈述责任的归责原则规定为过错推定。[⑥] 同时,《审计侵权规定》对会计师的主观过错形态的不同分别规定了不同的责任承担方式,即故意情况下承担连带赔偿责任,[⑦]而过失情况下

① 2019年《证券法》第163条规定:“证券服务机构为证券的发行、上市、交易等证券业务活动制作、出具审计报告及其他鉴证报告、资产评估报告、财务顾问报告、资信评级报告或者法律意见书等文件,应当勤勉尽责,对所依据的文件资料内容的真实性、准确性、完整性进行核查和验证。其制作、出具的文件有虚假记载、误导性陈述或者重大遗漏,给他人造成损失的,应当与委托人承担连带赔偿责任,但是能够证明自己没有过错的除外。”

② 《若干规定》第23条规定:“证券承销商、证券上市推荐人对虚假陈述给投资人造成的损失承担赔偿责任。但有证据证明无过错的,应予免责。负有责任的董事、监事和经理等高级管理人员对证券承销商、证券上市推荐人承担的赔偿责任负连带责任。其免责事由同前款规定。”

③ 《若干规定》第24条规定:“专业中介服务机构及其直接责任人违反证券法第一百六十一条和第二百零二条的规定虚假陈述,给投资人造成损失的,就其负有责任的部分承担赔偿责任。但有证据证明无过错的,应予免责。”

④ 《若干规定》第27条规定:“证券承销商、证券上市推荐人或者专业中介服务机构,知道或者应当知道发行人或者上市公司虚假陈述,而不予纠正或者不出具保留意见的,构成共同侵权,对投资人的损失承担连带责任。”

⑤ 《若干规定》第28条规定:“发行人、上市公司、证券承销商、证券上市推荐人负有责任的董事、监事和经理等高级管理人员有下列情形之一的,应当认定为共同虚假陈述,分别与发行人、上市公司、证券承销商、证券上市推荐人对投资人的损失承担连带责任:(一)参与虚假陈述的;(二)知道或者应当知道虚假陈述而未明确表示反对的;(三)其他应当负有责任的情形。”

⑥ 《审计侵权规定》第4条第1款规定:“会计师事务所因在审计业务活动中对外出具不实报告给利害关系人造成损失的,应当承担侵权赔偿责任,但其能够证明自己没有过错的除外。”

⑦ 《审计侵权规定》第5条规定:“注册会计师在审计业务活动中存在下列情形之一,出具不实报告并给利害关系人造成损失的,应当认定会计师事务所与被审计单位承担连带赔偿责任:(一)与被审计单位恶意串通;(二)明知被审计单位对重要事项的财务会计处理与国家有关规定相抵触,而不予指明;(三)明知被审计单位的财务会计处理会直接损害利害关系人的利益,而予以隐瞒或者作不实报告;(四)明知被审计单位的财务会计处理会导致利害关系人产生重大误解,而不予指明;(五)明知被审计单位的会计报表的重要事项有不实的内容,而不予指明;(六)被审计单位示意其作不实报告,而不予拒绝。对被审计单位有前款第(二)至(五)项所列行为,注册会计师按照执业准则、规则应当知道的,人民法院应认定其明知。”

则根据过失大小确定其赔偿责任,[①]且规定过失情况下的赔偿为补充责任且以不实审计金额为赔偿上限。[②]

2020年《全国法院审理债券纠纷案件座谈会纪要》(以下简称《债券纪要》)要求将责任承担与过错程度相结合,中介机构对各自专业相关的业务事项应履行特别注意义务,而对其他业务事项应履行普通注意义务,并对债券欺诈发行、虚假陈述案件中受托管理人、[③]承销商、[④]债券服务机构[⑤]的过错认定分别作出了规定,并明确规定会计师事务所、律师事务所、信用评级机构、资产评估机构等债券服务机构的注意义务和应负责任范围限于各自的工作范围和专业领域,并区分故意、过失等不同情况分别确定责任。[⑥]

二、近年证券虚假陈述民事典型案例及中介机构责任承担情况

随着《证券法》历次修订不断压实中介机构责任,投资者在维权诉讼中也不断起诉要求中介机构对其损失承担连带责任。从2015~2019年上海法院证券虚假陈述责任纠纷案件审判情况来看,部分投资者选择将中介机构以及上市公司控股股东等

---

① 《审计侵权规定》第6条第1款规定:"会计师事务所在审计业务活动中因过失出具不实报告,并给利害关系人造成损失的,人民法院应当根据其过失大小确定其赔偿责任。"

② 《审计侵权规定》第10条规定:"人民法院根据本规定第六条确定会计师事务所承担与其过失程度相应的赔偿责任时,应按照下列情形处理:(一)应先由被审计单位赔偿利害关系人的损失。被审计单位的出资人虚假出资、不实出资或者抽逃出资,事后未补足,且依法强制执行被审计单位财产后仍不足以赔偿损失的,出资人应在虚假出资、不实出资或者抽逃出资数额范围内向利害关系人承担补充赔偿责任。(二)对被审计单位、出资人的财产依法强制执行后仍不足以赔偿损失的,由会计师事务所在其不实审计金额范围内承担相应的赔偿责任。(三)会计师事务所对一个或者多个利害关系人承担的赔偿责任应以不实审计金额为限。"

③ 《债券纪要》第25条规定:"受托管理人的赔偿责任。受托管理人未能勤勉尽责公正履行受托管理职责,损害债券持有人合法利益,债券持有人请求其承担相应赔偿责任的,人民法院应当予以支持。"

④ 《债券纪要》第29条规定:"债券承销机构的过错认定。债券承销机构存在下列行为之一,导致信息披露文件中的关于发行人偿付能力相关的重要内容存在虚假记载、误导性陈述或者重大遗漏,足以影响投资人对发行人偿债能力判断的,人民法院应当认定其存在过错:(1)协助发行人制作虚假、误导性信息,或者明知发行人存在上述行为而故意隐瞒的;(2)未按照合理性、必要性和重要性原则开展尽职调查,随意改变尽职调查工作计划或者不适当地省略工作计划中规定的步骤;(3)故意隐瞒所知悉的有关发行人经营活动、财务状况、偿债能力和意愿等重大信息;(4)对信息披露文件中相关债券服务机构出具专业意见的重要内容已经产生了合理怀疑,但未进行审慎核查和必要的调查、复核工作;(5)其他严重违反规范性文件、执业规范和自律监管规则中关于尽职调查要求的行为。"

⑤ 《债券纪要》第31条第1款规定:"债券服务机构的过错认定。信息披露文件中关于发行人偿付能力的相关内容存在虚假记载、误导性陈述或者重大遗漏,足以影响投资人对发行人偿付能力的判断的,会计师事务所、律师事务所、信用评级机构、资产评估机构等债券服务机构不能证明其已经按照法律、行政法规、部门规章、行业执业规范和职业道德等规定的勤勉义务谨慎执业的,人民法院应当认定其存在过错。"

⑥ 《债券纪要》第31条第2款规定:"会计师事务所、律师事务所、信用评级机构、资产评估机构等债券服务机构的注意义务和应负责任范围,限于各自的工作范围和专业领域,其制作、出具的文件有虚假记载、误导性陈述或者重大遗漏,应当按照证券法及相关司法解释的规定,考量其是否尽到勤勉尽责义务,区分故意、过失等不同情况,分别确定其应当承担的法律责任。"

其他责任主体列为共同被告，要求其承担连带赔偿责任，个别案件中还出现投资者仅起诉中介机构的情况。可以预见，投资者在上市公司之外同时起诉中介机构将成为常态化。[①] 但是，从近期几起证券虚假陈述案件的判决来看，司法实践对中介机构连带责任承担问题的观点和审判标准不一。

（一）“大智慧案”

2016 年 7 月中国证监会对上海大智慧股份有限公司（以下简称大智慧公司）及张某某、王某等 15 名责任人员作出行政处罚，认定其构成信息披露违法。而后，投资人起诉大智慧公司及立信会计师事务所（特殊普通合伙，以下简称立信所），要求其就证券虚假陈述事宜赔偿交易损失。上海市第一中级人民法院一审判决立信所对投资人损失承担 100% 连带责任。[②] 该案中，法院认为中国证监会行政处罚决定书认定立信所“在审计过程中对多个事项未执行必要的、进一步或充分适当的审计程序，存在多项违法事实”，因此“按照职业准则、规则应当知道大智慧公司 2013 年年报存在虚假陈述事实，却仍出具标准无保留意见的审计报告”，故直接根据《审计侵权若干规定》第 5 条第 2 款的规定，认为立信所构成“推定故意”。

（二）“保千里案”

保千里电子公司向银信资产评估有限公司（以下简称银信评估）提供虚假意向性协议以虚增标的资产评估值，导致收购对象中达股份（后为江苏保千里视像科技集团股份有限公司，以下简称保千里公司）信息披露发生虚假记载。中国证监会分别于 2017 年和 2018 年对保千里公司和银信评估作出行政处罚。深圳市中级人民法院在其民事判决中认定银信评估公司对赔偿金额的 30% 部分承担补充赔偿责任。[③] 首先，该案判决在论证过程上，认为《若干规定》第 24 条和 1999 年《证券法》均强调是中介机构对“其应负有责任的部分”而非全部连带责任，尽管 2005 年《证券法》修改后未再区分中介机构故意或过失情况，但《若干规定》作为司法解释并未修改，且判断中介机构的责任类型时应考量其过错性质，而不应一律认定一般连带责任；其次，法院比较了法学理论对按份责任、连带责任、补充责任的性质的认识，并参照适用最高人民法院法函〔1998〕13 号“关于会计师事务所为企业出具虚假验资证明应如何承担责任问题”的复函中关于会计师事务所承担补充责任的规定，判决银信评估在赔偿金额

---

① 黄佩蕾：《2015～2019 年上海法院证券虚假陈述责任纠纷案件审判情况通报》，载《上海法学研究》集刊（2020 年第 8 卷，总第 32 卷）——上海金融法院文集。

② 上海市第一中级人民法院民事判决书，（2017）沪 01 民初 943 号。

③ 广东省深圳市中级人民法院民事判决书，（2019）粤 03 民初 1834 号。

30%部分承担补充责任。

(三)"五洋债案"

五洋建设集团股份有限公司(以下简称五洋建设公司)在编制用于公开发行公司债券的2012年至2014年年度财务报表时,违反会计准则,将所承建工程项目应收账款和应付款项"对抵",同时虚减企业应收账款和应付账款,导致上述年度少计提坏账准备、多计利润。通过以上方式,五洋建设公司在不具备公司债券公开发行条件的情况下,取得了中国证监会的公司债券公开发行审核许可。同时,五洋建设公司以同样的虚假财务文件向沪深交易所申请非公开发行债券,披露的募集说明书中财务报表数据虚增利润,存在虚假记载。中国证监会于2018年对其作出行政处罚,并于2019年对大信会计师事务所和德邦证券作出行政处罚。2020年,杭州市中级人民法院受理五洋建设证券代表人诉讼案,并于2020年年底作出一审判决,德邦证券、大信会所就债务本息与发行人承担全额连带责任,锦天城律师事务所在5%范围内承担连带责任,大公评级公司在10%范围内承担连带责任,①该案二审维持原判。

(四)"华泽钴镍案"

成都华泽钴镍材料股份有限公司(以下简称华泽钴镍公司)未在2013年年报、2014年年报和2015年半年报中披露关联方非经营性占用资金及相关的关联交易情况。同时,还将无效票据入账,导致2013年年报、2014年年报和2015年半年报存在虚假记载。中国证监会于2018年对其作出行政处罚,并对国信证券和瑞华会计师事务所作出行政处罚。成都市中级人民法院于2019年12月作出关于投资者索赔案的一审判决,国信证券被判在华泽钴镍公司赔偿义务的40%范围内承担连带责任,瑞华会计师事务所被判在华泽钴镍赔偿义务的60%范围内承担连带责任。② 2021年4月,四川省高级人民法院作出终审判决,改判国信证券、瑞华会计师事务所就华泽钴镍公司赔偿责任承担100%的连带责任。③ 本案二审法院认为,国信证券、瑞华会计师事务所对上市公司虚假陈述行为构成"知道或者应当知道",构成共同侵权,故需承担100%连带责任。

(五)"中安科案"

中安科股份有限公司(以下简称中安科公司)发行股份购买中恒汇志公司持有的中安消技术有限公司(以下简称中安消公司)100%股权,中安消公司未及时提供真

---

① 浙江省杭州市中级人民法院民事判决书,(2020)浙01民初1691号。

② 四川省成都市中级人民法院民事判决书,(2019)川01民初1626号。

③ 四川省高级人民法院民事判决书,(2020)川民终293号。

实、准确的盈利预测信息和虚增 2013 年营业收入(包括在项目难以继续履行的情况下未及时提供准确信息导致置入资产估值严重虚增、将不符合收入确认条件的项目确认收入等),导致中安科公司公开披露的重大资产重组文件存在误导性陈述、虚假记载。中国证监会于 2019 年对中安科公司和重组标的公司中安消公司、银信评估公司作出行政处罚。同年,上海金融法院作出民事判决,要求中安消公司、招商证券、瑞华会所对中安科的赔偿责任承担 100% 的连带责任。[①] 2021 年 5 月,上海市高级人民法院作出终审判决,其认为招商证券和瑞华会所的主观过错程度相对较轻,改判招商证券在中安科付款义务 25% 的范围内承担连带责任,瑞华会所在中安科付款义务 15% 的范围内承担连带责任。[②]

从上述五个典型案例可以看出,目前司法实践对中介机构证券虚假陈述民事责任的承担未形成较为统一的裁判标准和裁判思路,总体上呈现承担 100% 连带责任(一般连带责任)、比例连带责任、补充责任等几种不同的思路。但除“保千里案”等个别判例外,法院对于中介机构承担责任的说理部分都略显不足,部分判决甚至仅通过发行人披露文件存在虚假记载的事实,直接认定相关中介机构“显然未尽审核义务”,其中的推理逻辑过于简单。

三、中介机构不同责任承担形式的理论分析

(一)一般连带责任的理论分析

现行《民法典》“侵权责任编”对连带责任的规定中,与证券虚假陈述侵权可能相关的主要是第 1168 条规定的共同加害型侵权,[③]和第 1169 条规定的教唆帮助型侵权,[④]至于第 1171 条规定的连带责任型无意思联络多数人分别侵权[⑤]则很难在证券虚假陈述的场合发生。笔者在《从“华泽钴镍”案看证券虚假陈述民事案件必要共同被告的确定》[⑥]一文中曾指出,对于共同侵权行为中的“共同实施”不能仅理解为共同的

---

① 上海金融法院民事判决书,(2019)沪 74 民初 1049 号。

② 上海市高级人民法院民事判决书,(2020)沪民终 666 号。

③ 《民法典》第 1168 条规定:“二人以上共同实施侵权行为,造成他人损害的,应当承担连带责任。”

④ 《民法典》第 1169 条规定:“教唆、帮助他人实施侵权行为的,应当与行为人承担连带责任。”

⑤ 《民法典》第 1171 条规定:“二人以上分别实施侵权行为造成同一损害,每个人的侵权行为都足以造成全部损害的,行为人承担连带责任。”

⑥ 参见秦政、胡波:《从“华泽钴镍”案看证券虚假陈述民事案件必要共同被告的确定》,载锦天城律师事务所官网 2021 年 6 月 29 日,https://www.allbrightlaw.com/SH/CN/10475/4620cf15f145ef33.aspx。

故意,对于共同过失、故意行为与过失行为相结合的情况,也应当认为是共同侵权。因此,在证券虚假陈述纠纷中,尽管中介机构对虚假陈述行为的发生所持的主观过错是过失,其仍可能与发行人、上市公司构成共同侵权。

但是,共同侵权与连带责任的适用范围并不完全重合,两者并不是一一对应的关系。[①] 尽管中介机构与发行人、上市公司构成共同侵权,但毕竟其对虚假陈述的主观过错可能仅为过失,即体现为未勤勉尽责,疏忽大意。中介机构受自身职责、能力、职权和精力所限,没有其他强有力的手段对发行人、上市公司及其实际控制人的行为加以规制,在发行人、上市公司及其实际控制人主导、实施证券虚假陈述的过程中,中介机构可能并不知情,甚至被动地受到欺骗从而导致出具存在虚假记载的报告等。因此,如果认为中介机构仅因与发行人、上市公司构成共同侵权,就应当对全部赔偿责任的100%承担连带责任,未免失之过重,正如"保千里案"的判决所指出的,从中介机构的工作特点和成本考量,为了保障中介机构能够充分适当履行职责,不应对中介机构苛以过重乃至于超出其职责范围的责任,而是需要保持一定的平衡。否则,动辄得咎必然会打破市场各方的责任边界,走向良好目的之反面,也不利于市场投资者的理性成长。[②]

因此,本文认为,尽管《证券法》第85条规定中介机构在证券虚假陈述中应当承担"连带责任",但对此条规定不应机械理解为所有存在过错的中介机构在所有证券虚假陈述纠纷中均应当承担100%的连带责任。中介机构也许只存在轻微的过失,而且在很多证券虚假陈述案件中,发行人、上市公司往往存在若干项虚假陈述事项,而中介机构可能只对其中的少数事项负有责任,让其对投资者的全部损失承担责任,在法价值的衡量上难谓妥当。因此,应当区分中介机构主观过错形态、对损害后果的原因力大小等因素分别处理。就过错形态而言,对中介机构对证券虚假陈述行为的主观过错形态为故意的,即与发行人、上市公司恶意通谋,或明知发行人、上市公司的全部虚假陈述行为仍然出具存在虚假记载的报告,或故意教唆、帮助发行人、上市公司实施虚假陈述行为等情况的;就对损害后果的原因力而言,若中介机构的故意虚假陈述行为与全部损害后果均具有因果关系,则其应当对该损害后果承担100%的连带赔偿责任。至于主观过错形态为过失的,则须进一步区分重大过失和轻过失而分别处理,将在下文讨论。

(二)比例连带责任的理论分析

本文第二部分所介绍的典型案例中,部分法院判决中介机构就发行人、上市公司

---

① 黄薇主编:《中华人民共和国民法典侵权责任编释义》,法律出版社2020年版,第18页。

② 参见广东省深圳市中级人民法院民事判决书,(2019)粤03民初1834号。

所应承担赔偿责任的一定比例范围内承担连带责任,此种“比例连带责任”是我国证券领域司法实践对传统侵权理论的创新和发展,从形式上改变了连带责任“各债务人所负债务之全部性”的基本特征。在此意义上,比例连带责任的理论基础、适用情形、内部责任承担等值得进一步研究。

1. 比例连带责任的理论进路

传统侵权法在侵权责任是否成立的问题上,主要考察损害和行为之间的因果关系。就责任范围确定的问题,传统理论原则上只要成立因果关系,就应当对损害之全部进行赔偿。多数人侵权的情况下,只要责任成立,亦无须考虑责任范围的问题,所有加害人一律就全部损害对外承担连带责任,即“全有或全无”。如《德国民法典》第840条第1款[①]即如此规定,并对大陆法系国家产生了深远的影响。但是,随着社会生活关系的不断复杂化,这种传统理论一定程度上显得较为草率,在许多案型的处理上难以合理平衡相关利益,[②]在证券虚假陈述民事赔偿这种复杂案型上更是如此。我国司法实践中出现的“比例连带责任”,初衷即应对“全有或全无”模式的重大缺陷。

根据2019年《证券法》第85条和第163条的规定,中介机构承担的是“连带责任”,只是归责原则为过错推定。但是,中介机构承担“比例连带责任”,并不意味着相关判决违反了《证券法》的上述规定。在中介机构“比例连带责任”的理论基础或曰“法律依据”上,可以找到两条进路:

其一,基于证券虚假陈述案件事实的复杂性,在投资者起诉的某一起证券虚假陈述纠纷中,可能涉及多项、多类、多个阶段、多个数据的虚假陈述事实,而这些事实可以分割为独立的多个法律意义上的虚假陈述事实。只要这些事实均符合虚假陈述的构成要件和重大性的要求,就可以构成多个单独的侵权行为。发行人、上市公司基于其过错和因果关系,可能要对全部的虚假陈述事实负责,而中介机构因其工作范围、专业领域的不同,其特别注意义务和一般注意义务也不同,最终可能只对全部的虚假陈述事实中的一部分负责,并就其负有责任的这一部分虚假陈述事实,与发行人、上市公司承担连带责任,最终的表现形式,即以发行人、上市公司的赔偿义务为基数“按比例承担连带责任”。[③]

---

① 《德国民法典》第840条第1款规定:数人共同对某一侵权行为所产生的损害负有赔偿义务的,应作为连带债务人负其责任。

② 冯德淦:《比例责任在侵权法上的适用之检讨》,载《法律科学(西北政法大学学报)》2020年第2期。

③ 张会会、游冕:《“中安科案”评析:比例连带责任和前置程序的新理解》,载知乎专栏“天同律师事务所”2021年5月31日,https://zhuanlan.zhihu.com/p/376846320。

其二,从本文第一部分对《证券法》关于中介机构责任规定变迁的梳理中可以发现,1999年《证券法》第161条规定专业机构和人员“就其负有责任的部分承担连带责任”,《若干规定》第24条也据此进一步明确了专业中介服务机构及其直接责任人承担相应部分赔偿责任,虽然《证券法》在后续修订中删除了中介机构承担部分连带责任的表述,但最高人民法院并未据此对《若干规定》进行修订,正如“保千里案”和“中安科案”判决所论述的那样,这说明连带责任并非仅限于全额连带赔偿,部分连带赔偿责任仍是法律、司法解释所认可的一种责任形式。中介机构在为发行人、上市公司提供服务时的注意义务和应负责任范围,应限于各自的工作范围和专业领域,相应地,应当考量其过错程度、造成投资者损失的原因力等因素,分别确定各中介机构应当承担的责任,而不应一律“全有或全无”。

2. 比例连带责任的适用情形

从前述对比例连带责任理论进路的分析可知,中介机构对证券虚假陈述是否承担比例连带责任,亦需要从其对损失后果的原因力大小和其主观过错两个角度进行分析。

首先,从其对损失后果的原因力上而言,如前所述,在发行人、上市公司存在多项、多类、多个阶段、多个数据的虚假陈述事实,依各中介机构工作范围、专业领域的不同,中介机构只应对其中的部分虚假陈述事实负有责任,这是中介机构按比例承担责任的前提,杨立新教授称之为“半叠加的侵权行为”,即有的行为人(发行人、上市公司)对损害结果具有100%的原因力,而有的行为人(中介机构)只对部分损害结果具有原因力的情况。[①] 此种“半叠加的侵权行为”中只对部分损害结果具有原因力的行为人只应对与其行为具有因果关系的损害后果,与其他侵权人承担连带责任,即体现为“比例连带责任”。最高人民法院《关于审理环境侵权责任纠纷案件适用法律若干问题的解释》第3条第3款规定:“两个以上侵权人分别实施污染环境、破坏生态行为造成同一损害,部分侵权人的污染环境、破坏生态行为足以造成全部损害,部分侵权人的污染环境、破坏生态行为只造成部分损害,被侵权人根据民法典第一千一百七十一条规定请求足以造成全部损害的侵权人与其他侵权人就共同造成的损害部分承担连带责任,并对全部损害承担责任的,人民法院应予支持。”这一规定即在“半叠加的侵权行为”中部分侵权人承担“比例连带责任”的实例。

其次,就中介机构的主观过错形态而言,必须先回到中介机构过错的外在表现形式

---

① 杨立新、陶盈:《论分别侵权行为》,载《晋阳学刊》2014年第1期。

上来,即"违反勤勉尽责义务",但中介机构如何"勤勉尽责",一直以来都是理论和实务争议的焦点。如果认为发行文件存在虚假陈述,则为发行人、上市公司提供服务的所有中介机构均未勤勉尽责,显然过于严苛。正如"保千里案"判决所指出的那样,从中介机构的工作特点和成本考量,为了保障中介机构能够充分适当履行职责,不应对中介机构苛以过重乃至于超出其职责范围的注意义务,而是需要保持一定的平衡。美国《1933 年证券法》第 11 节对中介机构注意义务的区分可供参考。由于发行人所披露的材料是由多方主体完成的,该法第 11 条将各主体分为专家和非专家两类,并将信息披露的内容分为三类:经专家制作或验证的内容、未经专家制作或验证的内容、权威官方内容。不同的主体,对不同的披露内容负有的注意义务是不同的,具体而言:

(1)"非专家"(如公司董事、高管等)可以合理信赖经专家制作或验证的内容(包括专家根据其权威制定的,或专家报告或评价书的副本或摘录内容)以及权威官方内容(根据有权威的公开官方文件或报告制定的内容)。

(2)"专家"对于经其他专家制作或验证的内容(如律师的法律意见书中引用的审计报告内容)只负有一般的注意义务,只需证明自己没有适当的理由相信,且确实不相信该部分内容含有实质性虚假陈述,即可免责。

(3)"非专家"对于不属于权威官方内容且未经专家制作或验证的内容,以及"专家"对于经自己制作或验证的内容,负有特别的注意义务,必须在经过适当调查后,具有适当的理由认为,并且确实认为,其中的陈述是真实完整的,不存在实质性虚假陈述。[①]

同时,该法第 11 节还规定了"适当调查"的标准,即理性人在管理自己的财产时

---

① 美国《1933 年证券法》第 11 节规定:"……(b)尽管有第(a)小节的规定,但除发行人以外的其他人不应负有其中所规定的责任,而应坚持下述举证责任:……(3)(A)如果注册报告书的某一部分据说不是由一专家根据其权威制定的,不是某专家报告或评价书的副本或摘录,不是根据有权威的公开官方文件或报告制定的,则关于注册报告书的这一部分,他经过适当调查,在注册报告书生效时,有理由认为,并且确实认为,其中的陈述是真实的,且没有漏报按规定其中应报的或使其中的陈述不致被误解所必要的重大事实;(B)如果注册报告书的某一部分据说是根据其作为专家的权威而制定的,或是他本人(作为专家)的报告或评价书的副本或摘录,则关于注册报告书的这一部分:(i)经过适当调查后,在注册报告书生效时,他具有适当的理由认为,并且确实认为,其中的陈述是真实的,且没有漏报按规定应报或使其中的陈述不致被误解所必要的重要事实,或(ii)注册报告书的该部分未能公正地代表其作为专家的陈述、或不是其作为专家的报告或评价的完满的副本或摘录;(C)如果注册报告书的某一部分据说是由一专家(非他本人)根据其权威而制作,或是一专家(非他本人)的报告或评价书的副本或摘录,则关于注册报告书的这一部分,在生效时,他没有适当的理由认为,且确实不认为其中的陈述是不真实的或存在对规定其中应报或是使其陈述不致被误解所必要的重大事实的漏报,或注册报告书的该部分并未清楚地反映该专家的陈述,或并非该专家报告或评价书的完整的副本或摘录;(D)如果注册报告书的某一部分据说是一官方人士的报告,或是一公开的官方文件的副本或摘录,关于注册报告书的这一部分,在生效时,他没有适当的理由认为,且确实不认为,其中的陈述是不真实的,或存在对规定其中应报的或使其中的陈述不致被误解所必要的重大事实的漏报,或注册报告书该部分并未清楚地代表该官方人士的陈述或并非公开官方文件的完整的副本或摘录。"

所需要的标准。①

中国证监会在2019年3月颁布的《科创板首次公开发行股票注册管理办法(试行)》第7条中首次规定:"证券服务机构及其相关执业人员应当对与本专业相关的业务事项履行特别注意义务,对其他业务事项履行普通注意义务,并承担相应法律责任。"最高人民法院紧随其后,于2019年6月颁布的《关于为设立科创板并试点注册制改革提供司法保障的若干意见》明确规定:"证券服务机构对会计、法律等各自专业相关的业务事项未履行特别注意义务,对其他业务事项未履行普通注意义务的,应当判令其承担相应法律责任。"之后,中国证监会在《科创板上市公司证券发行注册管理办法(试行)》、《创业板首次公开发行股票注册管理办法(试行)》、《创业板上市公司证券发行注册管理办法(试行)》和2021年修订的《公司债券发行与交易管理办法》中,最高人民法院在《全国法院审理债券纠纷案件座谈会纪要》中均有类似的规定。虽然截至目前,这些规定主要出现在科创板、创业板和公司债券领域,但随着后续其他各领域相关规则的修订和完善,中介机构勤勉尽责注意义务全面区分为特别注意义务和普通注意义务并承担相应法律责任已是大势所趋。

因此,中介机构虚假陈述民事责任的承担,应当取决于各自职责范围的划分,以此区分特别注意义务与普通注意义务。对中介机构在其自身职责范围内利用其专业知识独立发表的专业意见,应当履行特别注意义务。中介机构违反其特别注意义务的,在主观过错形态上表现为重大过失;若中介机构明知其发表的专业意见存在虚假陈述而不予纠正,则在主观过错形态上表现为故意。无论其违反特别注意义务的过错形态是故意还是重大过失,均应当与发行人、上市公司承担连带责任;再结合其过错与损害后果的原因力大小,构成故意或重大过失的中介机构,若其仅对部分损害后果具有因果关系,则应当就其负有责任的损害部分,与发行人、上市公司承担连带责任,即表现为比例连带责任;否则,若其对全部损害后果具有因果关系,则表现为一般连带责任(100%连带责任)。

3. 比例连带责任的内部责任划分

根据上文的分析,我们可以得出一个基本的结论,即中介机构承担所谓"比例连带责任",并不意味着这一"比例"是连带债务人内部责任划分的承担比例。从"半叠加的侵权行为"的模型来看,各连带侵权人应当对其原因力重合部分的损害后果承担

① 美国《1933年证券法》第11节规定:"(c)在为本节第(b)小节第(3)段目的而决定什么是构成令人信服的合理调查和正当理由的标准时,合理的标准应当是理性人在管理自己的财产时所需要的标准。"

连带责任,不重合的部分则由某一侵权人单独承担责任。“比例连带责任”之“比例”,实质上体现为重合部分的损害后果的占整个损害后果的比例,而非某个侵权人应当实际承担责任的比例。因此,就原因力重合部分的损害后果,各连带责任人内部,仍应按连带责任内部追偿的规定进行内部责任的划分,经过二次划分后的责任比例,才是各连带责任人的内部追偿比例。①

就各连带责任人内部责任划分的比例,原则上应当依据《民法典》第 519 条的规定进行划分,对难以划分的,视为份额相同。② 此处的难点在于,实际承担债务超过自己份额的中介机构,应当向哪些主体追偿呢?发行人、上市公司通常对损害后果承担 100% 的责任,故其显然应当是被追偿主体;其他被法院判决对损害后果承担 100% 责任的主体,由于对原因力重合部分负有责任,亦应被列为追偿主体;较难认定的是,如各中介机构均承担比例连带责任的前提下,各中介机构之间能否互相追偿?囿于篇幅,本文难以对此问题深入展开讨论。本文认为,一般情况下,各中介机构由于只对自己专业范围内的故意或重大过失行为承担责任,故一般不能相互追偿;而在不同中介机构对损害后果的同一部分均负有责任、某中介机构应当对损害后果承担 100% 的连带责任等例外情况下,实际承担债务超过自己份额的中介机构仍有向其他中介机构追偿的空间。

《全国法院民商事审判工作会议纪要》第 74 条规定,法院在对金融消费者权益保护纠纷案件的审理中,可以在判决发行人、销售者对金融消费者承担连带赔偿责任的同时,明确发行人、销售者在实际承担了赔偿责任后,有权向责任方追偿其应当承担的赔偿份额。这一规定在考虑投资者利益保护的前提下,又兼顾了明晰各方责任、减少诉累,值得在同样通常存在多方责任主体的证据虚假陈述纠纷案件中予以参考。

(三)补充责任的理论分析

1. 补充责任的理论进路

在证券发行、信息披露过程中,需要各中介机构之间的配合与协同,各中介机构的工作往往存在交叉部分。某一中介机构在对其他中介机构已经出具的专业报告进

---

① 尤杨、赵之涵:《证券实务参取:按比例连带责任如何内部追偿?——兼评中安科证券虚假陈述案》,载汉坤律师事务所官网 2021 年 6 月 4 日,https://www.hankunlaw.com/newsAndInsights/lawDetail.html?id=2c91af0879699b750179f8fd58180363。

② 《民法典》第 519 条规定:“连带债务人之间的份额难以确定的,视为份额相同。实际承担债务超过自己份额的连带债务人,有权就超出部分在其他连带债务人未履行的份额范围内向其追偿,并相应地享有债权人的权利,但是不得损害债权人的利益。其他连带债务人对债权人的抗辩,可以向该债务人主张。被追偿的连带债务人不能履行其应分担份额的,其他连带债务人应当在相应范围内按比例分担。”

行引用时,需要履行普通注意义务,即当其他中介机构出具的意见明显缺乏依据或作为普通人亦可发现其明显不合理性时仍进行引用的,构成普通注意义务的违反。[①] 而从主观过错形态的角度,与中介机构违反特别注意义务构成故意或重大过失相区分,若中介机构仅违反普通注意义务,仅构成轻过失。

我国《民法典》分别在第1198、1201条确立了第三人侵权情况下,安全保障义务人以及教育机构应当承担补充责任的规则。原最高人民法院党组成员、二级大法官孙华璞认为,在导致损害事实发生的众多事实中,并非所有的事实都与损害结果之间存在因果关系。只有那些与损害结果在时间、空间上距离最近,或者对损害结果的发生起有效作用的原因,才是损害发生的真正原因。因此,承担补充责任的行为人的过错行为不是"与损害后果发生最近的原因",[②]往往是出于保护受害人合法权益的需要,使对损害结果负有轻微过失,或负有一定安全保障义务的当事人承担的一种责任。而在证券虚假陈述纠纷中,违反普通注意义务的中介机构是由于不当引用了其他中介机构的专业报告,此时"与损害后果发生最近的原因"是其他中介机构违反其自身特别注意义务的行为。如律师出具法律意见书时,以会计师事务所、资产评估机构、资信评级机构出具的存在虚假陈述的报告作为依据的情况下,其虽然违反了普通注意义务,但与损害后果更直接相关的其他中介机构才是造成损害后果的主要原因。因此,若要求仅违反普通注意义务、仅负轻过失的律师事务所与发行人、其他中介机构承担连带责任,显属不公。从有利于保护受害人的角度出发,让其在相应范围内承担补充责任,不仅与其过错程度更相适应,也与补充责任的价值功能相适应。

从补充责任的性质来看,其主要解决的是多数人侵权中部分责任人轻微过失不作为与其他责任人故意或重大过失相结合的赔偿责任分配问题;从责任形态看,其是在不真正连带责任基础上分离出来的,在责任体系的逻辑结构中,仍然是连带责任的一种。[③] 因此,司法实践中"保千里案"等一些案件判决部分中介机构承担补充赔偿责任,亦并不违反《证券法》关于中介机构承担连带责任的相关规定。

2. 补充责任的适用情形

与比例连带责任的适用情形类似,补充责任的适用仍然需要考虑主观过错形态和原因力大小两个方面的因素。

---

① 张文越:《科创板中介机构勤勉尽责责任研究——基于注意义务之区分》,载《浙江金融》2019年第10期。

② 孙华璞:《关于补充责任问题的思考》,载《人民司法(应用)》2018年第1期。

③ 孙华璞:《关于补充责任问题的思考》,载《人民司法(应用)》2018年第1期。

就主观过错形态而言，基于前述分析，相关中介机构只因违反普通注意义务而存在轻过失。就对损害后果的原因力大小而言，若中介机构的轻过失与全部损害后果均存在因果关系，则应就全部损害后果承担补充责任；若中介机构的轻过失只与部分损害后果存在因果关系，则应就其负有责任的部分损害后果，承担相应的补充责任。

3. 补充责任人的追偿权

既然中介机构承担补充责任的前提是其违反普通注意义务，即其错误引用了其他中介机构出具的存在虚假陈述的报告。因此，发行人、上市公司和其他出具虚假报告的中介机构才是造成损害的直接责任人，而补充责任人仅因其轻过失而承担责任，其承担补充责任后应当享有向其他责任人追偿的权利。《民法典》规定安全保障义务人承担补充责任后，享有对第三人追偿的权利。对证券虚假陈述纠纷中承担补充责任的中介机构，亦应享有相应的追偿权。

（四）债券虚假陈述纠纷相关中介机构责任的特殊性

债券与股票虽然同为证券，但其在法律性质、投资逻辑等方面与股票截然不同，因此债券虚假陈述也与股票虚假陈述案件在某些方面存在质的不同。2020 年 7 月最高人民法院《债券纪要》对债券欺诈发行和虚假陈述的民事责任作出了相关规定，但遗憾的是，《债券纪要》的起草者并没有意识到债券虚假陈述与股票虚假陈述的不同，以致部分规定加重了中介机构的责任。

首先，《债券纪要》未区分债券违约损失与虚假陈述的侵权损失。债券的违约损失是假定发行人依约履行还本付息义务的情况下投资者所获利益与发行人发生违约后投资者所获兑付之间的差额；而债券虚假陈述的侵权损失则是假定不存在虚假陈述情况下投资者所获利益与存在虚假陈述情况下投资者现实所拥有利益之间的差额。此二者并非等同、对应的关系，在法律关系、损失认定、因果关系、归责原则上均不相同，但《债券纪要》创造性地规定以全部未偿本息（违约损失）作为发行人虚假陈述损失赔偿责任的计算依据，混淆了两种损失的不同性质，进而要求中介机构按侵权责任的名义对发行人的违约承担连带责任，更为失当。

其次，违约的债券亦存在一定的价值。债券并非违约后其价值就归零，相反其仍然存在一定的市场价值。2019 年，沪深交易所、中国证券登记结算有限公司先后发布《关于为上市期间特定债券提供转让结算服务有关事项的通知》《关于为挂牌期间特定非公开发行债券提供转让结算服务有关事项的通知》，为已违约的债券提供转让结算服务，2020 年《人民银行、发展改革委、证监会关于公司信用类债券违约处置有关事宜的通知》也提出,鼓励市场机构为违约债券提供多元化的报价或估值服务。这些规定都说明违约的债券亦存在市场价值,且在一定条件下可以依法转让,也进一步说明以全部未偿本息作为虚假陈述侵权损失的不合理性。

再次,并非全部损失均与虚假陈述之间存在因果关系。债券违约通常是由多方面原因造成的,除虚假陈述造成投资者对发行人偿债能力错误预判之外,宏观经济形势、发行人的基本面等多种因素均可能对其偿债能力产生影响。[①] 在股票虚假陈述纠纷案件中,发行人尚可提出系统风险等抗辩以剔除其他因素对投资者损失的影响,但债券虚假陈述纠纷则由于《债券纪要》规定的损失计算方式,实际上无法剔除其他因素的影响。

最后,从中介机构在债券发行中的工作性质来看,除受托管理人外,大部分债券服务机构均主要服务于债券发行阶段,律师事务所、会计师事务所仅就债券发行时发行人的相关情况出具法律意见、审计报告。但某些债券违约与发行完毕之后发行人或其他主体违法违规行为存在因果关系,如在“五洋债案”中发行人及实际控制人违规占款,甚至非法挪用募集资金、职务侵占等违法犯罪行为毫无疑问会对发行人的偿债能力造成严重影响,这一行为发生时,律师事务所、会计师事务所的工作早已完成,但依《债券纪要》,其仍然需要对发行人的违约承担连带责任。

综上所述,债券虚假陈述侵权与债券违约存在不同的归责逻辑,如果不加区分而适用相同的赔偿方式,则债券诉讼可能成为“变相刚兑”的机制。在这样的机制下,同样是债券违约,如果存在虚假陈述,则投资者可以得到某种程度上的“刚性兑付”;而如果发行人诚实经营,只是由于市场化原因造成违约,则投资者必须“买者自负”。[②] 长此以往,债券市场投资的基本逻辑和市场环境均会遭受破坏。

四、结　论

综上所述,证券虚假陈述民事赔偿中,中介机构的责任应当从其主观过错形态和对损害后果的原因力大小两方面予以考量。对违反特别注意义务,主观过错为故意或重大过失的,若其对全部损失具有因果关系,则应承担一般连带责任(100%连带责任);若其仅对部分损失具有因果关系,则应就其负有责任的部分,按比例承担部分连

① 缪因知:《债券违约案频发　中介机构该担何责》,载《经济观察报》2021年1月11日,第23版。

② 缪因知:《债券违约案频发　中介机构该担何责》,载《经济观察报》2021年1月11日,第23版。

带责任。对违反普通注意义务，主观过错为轻过失的，若其对全部损失具有因果关系，则在全部损失范围内承担补充责任；若其对部分损失具有因果关系，则在该部分损失范围内承担补充责任。上述结论可体现为表1。

表1　中介机构责任形式列举

类别	故意	重大过失	轻过失
对全部损失具有因果关系	一般连带责任	一般连带责任	补充责任
对部分损失具有因果关系	比例连带责任	比例连带责任	部分补充责任

此外，在债券虚假陈述纠纷中，还须区分虚假陈述侵权损失与债券违约损失的不同。仅应在虚假陈述侵权损失范围内，考量中介机构的主观过错形态和对损害后果的原因力大小，确定其应当承担的责任。

本文写作时，适逢中办、国办联合印发《关于依法从严打击证券违法活动的意见》，该意见明确提出，要健全证券民事赔偿制度，抓紧推进证券纠纷代表人诉讼制度实施，并修订已适用了近20年的《关于审理证券市场因虚假陈述引发的民事赔偿案件的若干规定》。本文以中介机构责任为视角，结合司法实践中的典型案例，对证券虚假陈述纠纷中的各类连带责任的理论进路、适用情形、内部追偿等问题逐项剖析，厘清各种责任形式的适用条件，以期助推证券虚假陈述民事赔偿制度之完善。

我国国有上市公司内部治理结构研究

刘　旭*

摘　要：内部治理结构是公司的核心要义，它直接关乎公司在市场的影响力。完善国有上市公司内部治理结构，是国有企业改革的内在要求，对提升国有企业的高质量发展具有重要的理论和现实意义。优化国有企业尤其是上市公司的内部治理结构，需要从我国资本市场的历史沿革过程中寻找每一个时期的独特特点，以便能够综合运用理论和实践的方式探寻出行之有效的内部治理结构方法。本文旨在通过分析我国国有企业内部治理结构的历史发展，实证考察国有上市公司内部治理结构，分析存在的问题，从而得出优化我国国有上市公司内部治理结构的方法，探寻新时期我国国有上市公司高质量发展的新路径。

关键词：国有上市公司　内部治理结构　高质量发展

一、导　　论

（一）选题背景

本文以我国国有上市公司内部治理结构的优化作为研究主题，主要基于以下背景。

1. 宏观顶层设计需要

2020年，国务院发布《关于进一步提高上市公司质量的意见》（以下简称《意见》）。《意见》明确要"规范公司治理和内部控制"，完善公司治理制度规则，明确控股股东、实际控制人、董事、监事和高级管理人员的职责界限和法律责任。控股股东、

---

* 大连上市公司协会秘书长。

实际控制人要履行诚信义务,维护上市公司独立性,切实保障上市公司和投资者的合法权益。股东大会、董事会、监事会、经理层要依法合规运作,董事、监事和高级管理人员要忠实勤勉履职,充分发挥独立董事、监事会作用。建立董事会与投资者的良好沟通机制,健全机构投资者参与公司治理的渠道和方式。科学界定国有控股上市公司治理相关方的权责,健全具有中国特色的国有控股上市公司治理机制。严格执行上市公司内控制度,加快推行内控规范体系,提升内控有效性。强化上市公司治理底线要求,倡导最佳实践,加强治理状况信息披露,促进提升决策管理的科学性。开展公司治理专项行动,通过公司自查、现场检查、督促整改,切实提高公司治理水平。

2. 上市公司内部治理是我国国有企业改革的关键环节

国有企业改革一直是我国经济体制改革的重点环节和核心要义。2015 年 8 月,中共中央、国务院印发了《关于深化国有企业改革的指导意见》(以下简称《指导意见》),这是新时期指导和推进中国国企改革的纲领性文件。《指导意见》指出,要形成更符合我国基本经济制度和社会主义市场经济要求国资管理体制、现代企业制度、市场化经营机制,国有经济活力、控制力、影响力、抗风险能力明显增强。2018 年 7 月,刘鹤副总理主持召开国务院国有企业改革领导小组第一次会议,会议指出我国经济已由高速增长阶段转向高质量发展阶段,国有企业改革发展的国内外环境发生了新的变化,面临新的挑战,改革任务仍任重道远。要坚持稳中求进工作总基调,突出重点、扎实推进。改革国有资本授权经营体制,分层分类积极稳妥推进混合所有制改革,加快中央企业布局优化和结构调整,加快形成有效制衡的公司法人治理结构和灵活高效的市场化经营机制,推进信息公开打造"阳光央企",打好防范化解重大风险攻坚战。但是,我国国有企业并没有建立真正意义上的现代企业制度,之前的公司制改革没有彻底改变经营效率低、竞争实力弱、股权过分集中等一系列问题存在的现象,国有企业公司治理体系仍存在不少问题,完善的公司内部治理结构和有效的公司治理机制尚未形成。公司治理问题仍然是我国国有企业改革的核心问题,而内部治理结构的研究当仁不让成为其研究的不可缺失的一部分。

3. 我国国有上市公司的内部治理结构特殊性

狭义的公司治理仅仅指的是股东、管理者、劳动者之间的关系,但是广义的公司治理内容还包括国有企业的党组织和法定代表人。国有企业的内部治理不仅要处理好董事会、监事会、股东大会等利益相关者之间的关系,还必须充分认识到行政管理、社会公益、环境责任等方面的重要性,具有其他主体所不具备的独特特点。

(二)研究意义

1. 理论意义

公司内部治理,尤其是国有上市公司的内部治理,是广义的公司内部治理的核心和关键。良好的公司内部治理结构和体系能够最大范围地延伸公司治理的边际,确保公司治理结构和公司治理机制有序统一运行。目前,对国有上市公司内部治理的研究主要聚焦于公司治理结构的问题,相关参考文献偏少。从方法论看,国内的学者们大多采用西方国家的研究理论和方法,缺乏有效且贴近我国实际情况的研究方法。因此,深入明晰我国国有上市公司的内部治理结构问题,具有十分重要的理论意义。

2. 现实意义

自 1978 年我国实行改革开放政策以来,我国国有企业的改革发展驶入了“快车道”,跃上了高质量发展的“新平台”。在从计划经济向市场经济转变的过程中,许多取得示范效应的国有企业改革大多数都与其高级管理人员有着莫大的关系。这些企业的管理者们对企业有很大的影响,一方面,可以为企业的发展指明正确的发展方向;另一方面,也有可能因为个人或几个人的决策失误,给企业的发展带来不可估量的损失。回顾 20 世纪 90 年代,由于国有上市公司内部治理出现权力集中和外部监管约束的不充分、不协调的现象,使公司的内部控制“乱象”频生,贪污腐败、侵吞国有资产和国有资产流失等现象时有发生,这不仅是因为个别公司的,更深层次的原因是我国从计划经济体制向市场经济体制的转轨过程中出现的积弊问题。国企改革和治理结构作为经济体制转轨的一个组成部分,目前在很大程度上体现为一个以人为的设计和政府干预为主导的演变过程,并没有充分考虑我国国有企业与市场经济体制下的国有企业有着完全不同的初始状态和约束条件,理论与实践存在一定程度的脱节。

因此,深入探究我国国有上市公司的内部治理结构有着十分重要的理论和现实意义。

(三)文献简述

1. 公司理论与公司内部治理结构

(1)传统公司理论与公司内部治理结构

传统公司法公司理论追求对公司本质与起源的经验主义探究,就公司的含义、本质提出不同的认识,大体可以分为公司拟制论、公司否认论和公司实在论。

公司拟制论,又称法人拟制说、公司拟制说,是法人学说的一种,形成于 19 世纪,主要代表人物是德国法学家萨维尼,他认为,公司具有主体地位,是独立于公司股东的,但其主体地位指的是国家法律的拟制。19世纪,美国最高法院大法官马歇尔称,公司"是(法律)拟制的存在,看不见,摸不着",具有与个人一样能够起诉与应诉的主体资格,其持续存在与股东生命无关。

公司否认论,其主要代表人物是德国著名法学家耶林。他认为,公司只是由合同维系的自然人或者财产的集合,不具有独立主体地位。我国大部分学者称耶林的主张为受益人主体说。

公司实在论,其主要代表人物是德国学者基尔克。他认为"集体和个人一样,它的意志和行动的能力从法律获得一种行为能力的本质,但绝不是由法律创造出来的",即公司为社会现实存在,具有独立公司成员的意识能力,因而具有独立的法律人格。[①] 传统公司理论也着眼于公司与国家的关系,公司拟制论认为公司的产生必须基于国家行为,公司否认论、公司实在论则否认公司的产生基于国家行为,反对国家对公司行为的干预。

(2)马克思企业理论与企业内部治理结构

马克思在《资本论》中利用历史与逻辑相统一的方法详细论述了资本主义生产方式的起源,并把资本主义企业产生的条件和原因归结为四个因素,即分工、劳动力成为商品、追求利润和最低资本额。马克思任务分工之所以能够成为企业的起点条件,是因为分工提高了劳动的社会生产力,他以分工为起点研究资本主义的生产方式,从而清楚地辨别出总体劳动和单个劳动的区别,将这种区别引申到现代就是企业与市场的区别。

2. 国有企业内部治理结构的研究综述

公司治理结构主要包括三个部分:一是以外部环境为主体,涉及影响公司治理的政治、经济、文化、法律等各个方面,通过衡量制度成本和制度收益来发挥作用;二是以产权为主体,以公司中的董事会、监事会和管理层的权责安排为具体内容,研究公司组织框架问题;三是以运营为主体,通过激励约束为主要内容,着眼于公司的活力和动力的问题。前者可称为外部治理结构,后两者可称为内部治理结构。有关公司治理的基本理论和方法论均适用于以改革发展为目的的国有上市公司,对内部治理的细化就是从实际出发,以改革为重点,形成内部治理机制的优化。

---

① 孔祥俊:《公司法要论》,人民法院出版社1997年版,第113~129页。

3. 文献结论

国内业界对国有上市公司的改革研究声音不断,议论偏多,所有观点的核心就是要根据各公司的实际情况推出不同的公司内部治理结构解决方案。因此,综合以上各种观点和论述,在新时期的发展征程上,认真研究和思考国有上市公司的内部治理结构,具有十分必要的时代意义。

二、我国国有上市公司内部治理结构的历史沿革

(一)法定代表人的产生和扩张

法定代表人是国企的第一负责人,它是20世纪80年代中期在国有企业建立法人制度的经济体制改革等理论指导下,在厂长负责制的基础上发展起来的。① 在放权让利的改革中,法定代表人的权利迅速膨胀,逐渐延展至其他性质的企业。

1. 厂长负责制的恢复与地位的变化

改革开放以来,我国大力恢复和发展经济建设,曾恢复了党委领导下的厂长负责制,但这一制度不久就被厂长负责制取代,在经济转轨的初始阶段,公司的生产经营均由国家统一决定,厂长更多是行使"职业经理人"的角色,在生产经营环节没有决策权,但随着国企改革的深入发展,厂长的权力也越来越大,成为掌握公司生产、经营、财务、人事等各方面的管理者。

2. 法定代表人制度的产生和普及

从20世纪80年代中期开始,国家制定了一系列的法律旨在推行和确立现代公司的独立法人地位。如1983年的《民法通则》中,明确规定了法人制度,法定代表人制度也第一次以法律的形式被确定下来。随后,法定代表人的概念得到迅速推广并逐渐普及,从国企到公司所有制企业,逐渐形成了一个不断扩展的"规范群体"。

3. 公司化改革带来的变化

"股东大会、董事会、监事会"新三会分权体制代替了厂长的一元领导。董事长成为公司的法定代表人,而公司的生产、经营、管理则由股东、董事会、监事会和经理等高级管理层一体负责。

---

① 李哲君:《转轨时期国企治理研究》,中南大学出版社2008年版,第68~69页。

(二)公司党组织的强化

党组织一直是国有上市公司内部治理中不可替代的角色,20 世纪 90 年代以来,党组织的地位又得到了进一步的巩固和强化。1997 年《中共中央关于进一步加强和改进国有企业党的建设工作的通知》进一步提高了党组织在国有企业中的政治核心地位,并明确了党委在国企多重的组织体系中的统筹地位,指出"党的工作要贯穿于生产经营的全过程"。与此同时还强调了"党管干部"的原则,这就说明党委可以对企业内部的管理层以及任免的管理人员有一定的决定权。1999 年十五届四中全会通过的《中共中央关于国有企业改革发展若干重大问题的决定》明确规定"公司制是现代企业制度的有效组织形式","公司法人治理结构则是公司制的核心",企业的董事长可以兼任党委书记,由此看出,国有企业的内部人事上的党政合一的特点越发明显,并逐步制度化。

(三)职工参与公司治理的式微

随着现代企业制度的确立,职工的主体地位和权益也在不断下降。在国企改革的两权分离和放权让利阶段,主要解决的是政府和企业管理层的权利划分问题,职工和企业的劳动关系并未受到很大影响。但是在国企改革深入推进阶段,即建立现代企业制度时期,这种情况就发生了很大变化,劳动合同制代替了原有的计划经济体制,职工的地位相应地下降。随着现代企业制度改革的不断深入,职工参与治理权限也逐渐减弱。在内部治理结构中,职工参与治理只能通过职工代表大会、职工董事和监事会制度。

在国企进入公司制改革之后,国企的内部治理结构由原先的"老三会"(党委会、职代会、工会)体制变成了"新三会"(股东大会、董事会、监事会),原先由职代会拥有的评选经营者的权利交给了董事会,随着国企劳动关系的市场化向纵深推进,虽然职工在政治阶级的角度来看仍然是"统治阶层",却无法避免工人实际社会经济地位的持续下降和职工参与公司内部治理式微这个不可否认的事实。

通过对国有企业治理结构及内部治理结构历史演变的分析,可以得出,国企改革历经多年,国企内部在表面上基本建立了所有者治理结构,推行董事会和监事会,发展独立董事等,但在企业党委等相关组织的控制和影响下,这些治理机制都没有充分起到有效的作用。国企董事会的权力受到侵蚀,没有具备拥有战略决策和监督管理层的双重职责,独立董事没有像政策设计者那样发挥独立的监督作用,监事会则近乎"摆设",也难以有效履行应有的监督职能,众多利益相关者的利益目标经常是不同的甚至是冲突的,董事会代表不同利益的主体,难以协调好各利益相关者的关系。

三、我国国有上市公司内部治理结构及问题分析

我国国有企业内部治理结构充分考虑了中国的现实条件以及我国国有企业的历史制约因素和现时发展情况。公司的内部治理结构主要是对公司中的董事会、监事会和经理层的权责利的安排和激励约束。① 因此,本部分从股权结构、内部控制和激励约束三个维度来探究国有上市公司当前的内部治理问题。

(一)股权结构和公司内部治理

我国的国有上市公司是在国有企业的基础上改制而来的,1993年《公司法》的颁布,提出了建立有限责任公司、国有独资公司和股份有限公司三种公司制企业,希望通过公司制的改造能够解决有效治理结构缺乏的问题。

1. 我国上市公司股权结构的特点

按照公司股票上市流通的场所,我国上市公司股票可以分为A股、B股、H股、S股、N股,目前能够普遍持有的股票类型是A股。按照股东类型的不同,我国上市公司股票可以分为国家股、法人股、社会公众股等,社会公众股可以自由地流通,国家股和法人股不能上市流通。

除有国家股、法人股、职工股等复杂的股权结构之外,股权分置是中国国有企业股权结构中长期存在的一个问题。在公司首次发行股票时,原来发起人的股份是不具有流通性的,即非流通股,而募集的社会公众股、内部职工股和特定的投资者所获得的股份是流通股。长期以来,非流通股所占比例大,股东掌握公司控制权,股份不能上市流通,且股权的价值直接与公司的净资产联系;流通股所占比例小,股东分散,不能对公司治理产生一定的影响。因此,本文将重点从复杂性、流动性、集中度三个维度来细分上市公司股权结构的特点。

(1)复杂性

我国上市公司的股权结构复杂,除社会公众股外,还有国家股、法人股、职工股等,这些不同的股份在股东权益、投资形式和投资成本上都会不同,具体如表1所示。

① 张维迎:《产权、激励与公司治理》,经济科学出版社2005年版,第2页。

表1 我国上市公司股权结构特点

股份	流通性	投资主体的限制
国家股	不能上市,流通性差	国有资产管理部门
法人股	协议转让、拍卖、质押、回购	具有法人资格的企业
社会公众股	可上市流通	社会公众(非公司内部职工)
职工股	基本股不得随意转让,自愿股可自由转让	公司内部职工

(2)流通性

我国国有上市公司股权结构中有很大一部分是由国家股、法人股和职工股组成的,且在一定时间内不能上市流通,只有一部分社会公众股可以自由流通,这就在很大程度上限制了上市公司的股权流动性。如表2所示。

表2 2011~2019年我国股票市场流通比率

年份	流动股本/亿股	总股本/亿股	流动股本所占比例/%	总市值/亿元	流通市值/亿元	流通比例/%
2011	22,500	29,745	0.76	214,758	164,921	0.77
2012	24,778	31,834	0.78	230,358	181,658	0.79
2013	29,997	33,822	0.89	239,077	199,580	0.83
2014	32,289	36,795	0.88	372,547	315,624	0.85
2015	37,043	43,024	0.86	531,463	417,881	0.79
2016	41,136	48,750	0.84	507,686	393,402	0.77
2017	45,045	53,747	0.84	567,086	449,298	0.79
2018	49,048	57,581	0.85	434,924	353,794	0.81
2019	52,488	61,720	0.85	592,935	483,461	0.82

注:流通比例=流通市值/总市值。
数据来源:根据《中国统计年鉴》计算得出。

由表2可以看出,我国股票市场流通比例在2011~2019年基本保持在80%左右。

(3)集中性

我国上市公司的股权结构中,非流通股过于集中,导致“一股独大”。据国资委官方网站数据显示,至2020年年底,A股市场共有4140家上市公司,其中1165家为国有控股上市公司,占比28.14%。国有控股上市公司A股市值约为373,834亿元,占A股市场总市值的43.07%。

2. 股权结构对上市公司内部治理结构的影响

目前,我国上市公司的股权结构呈现国有大股东处于绝对控股地位和其他所有制形式公司寻求"借壳上市"的特点。国有股的"一股独大"导致其他投资者无法通过市场交易来获取公司的控制权。此外,由于国有股的特殊性质,严重影响了建立行之有效的现代化公司内部治理结构。因此,上市公司通过改善董事会、监事会及管理层,并不断优化股权结构便成为解决公司内部治理结构的关键步骤。

(二) 内部治理与管理人控制

根据《公司法》规定,我国确定的股份公司治理模式是由"董事会、监事会及股东大会"构成,三会互相监督,共同行使公司内部治理权力,但是大部分国有上市公司的国有股权相对集中,个人及中小股东在管理层中影响甚微。这种形式的股东大会不能最大范围地体现中小股东的权益,也很难对公司的生产经营决策起到有效的监督作用。因此,这造成国有上市公司的内部治理出现内部控制的失效。

(三) 激励约束与内部治理

目前,我国国有上市公司中,117 家央企的企业年薪主要由"基薪"和"绩效年薪"构成,其中"基薪"由企业规模、效益等指标决定,大约占总数的 40%,"绩效年薪"则依据企业当年的具体效益计算得来。2019 年 11 月 11 日,国务院国资委《关于进一步做好中央企业控股上市公司股权激励工作有关事项的通知》(以下简称《通知》)正式对外公开发布,为央企股权激励打开了政策空间。两年来,围绕激励力度、业绩考核、审批备案等一系列改革举措渐次落地。一大批央企上市公司争相尝鲜,也带动了整个资本市场国企股权激励热潮迭起,改革红利加速释放,推动相关公司业绩显著增长,不断探索建立健全长效激励机制的过程中,股权激励明显提速,大批公司争相尝鲜。近年来,中国建筑、中国长城、中钨高新、长安汽车、卫士通、东方中科等多家央企上市公司都推出了股权激励方案。根据国资委数据显示,截至 2019 年 11 月初仅有 45 家中央企业控股的 92 户上市公司实施了股权激励计划,占中央企业控股境内外上市公司的 22.8%。而截至 2020 年 5 月 30 日,已有 53 家中央企业控股的 119 家上市公司有效实施了股权激励。目前实施股权激励的中央企业控股上市公司主要分布在充分竞争行业领域,尤其集中在技术密集型、人才充分流动的这些行业,科技型企业整体实施比例和数量都比较多。从营业收入、利润和总市值来看,主要偏向于中等规模的上市公司。从实施的激励工具来看,还是以限制性股票为主,以及股票期权。

因此,下一步国有上市公司还要充分释放政策的"红利",进一步提升公司内部治理的效能。

四、我国国有上市公司内部治理结构的优化分析

我国由于市场化起步较晚,各项机制建设滞后,因而可以预见的是最大限度地保护投资者的权益,便成为优化公司内部治理结构的必由之路。

(一)优化国有上市公司的股权结构

股权结构是公司内部治理结构的基础,它通过股东的监督和控制来影响企业的效益。然而股权结构的形成要依据各国的实际国情而定,股权的高度集中抑或是高度分散都不是最佳方案,在我国当前的背景下,国有企业并不适合高度分散的股权结构。

1. 分类改革

我国国有上市公司应该按照行业分类及特点,选择适合自己发展的"股权集中"或"股权分散"之路。比如,对涉及国防安全、国计民生、必要的公共服务等防守型行业以及公共能源、通信、邮政、铁路等垄断性质的行业应当建立法人企业治理模式,不必采取"市场化"行为,可以采取由上级监管部门任命管理者的模式进行内部治理。对竞争性行业可以通过建立股份公司的方式,将股权稀释和分散,国家控股或参股,并引入合格的战略投资者,实现公司共同内部治理。

2. 所有权配置方案

第一,控股股东中为几个或多个的情况。此类公司的内部股权结构应贴近公司实际发展情况,优化和提升竞争优势,强化股东对经营权的监督,实现真正的权力制衡。

第二,对规模较小的公司,或者拥有绝对控股股东的公司,这类公司应鼓励采用个人控股的方式,这种股权结构在一定程度上降低了代理成本,企业的经营会以企业价值最大化为目的。在当前外部环境相当不成熟的背景下,对控股股东实行有效的监督和控制是不可缺少的,只有实现对经理人让渡权的制约,才能降低交易成本,保护投资者利益。这种模式主要适合我国的家族企业向上市企业过渡的时期。

第三,对股权高度分散的公司,这类公司可通过外部治理来实现内部监督和治理,比如,考虑收购公司、收购股份的方式来实现相互制衡的治理结构,实现股权结构的优质提升,提高公司运行效率。

(二)健全国有上市公司的薪酬制度

1. 公司薪酬实现分类管理

党的十八届三中全会已经明确指出:“要合理确定并严格规范国有企业管理人员薪酬水平、职务待遇、职务消费、业务消费。”垄断性国企不能发放高额薪酬,而应通过建立健全其他福利保障机制建设,与公务员薪酬建设看齐。实行“行政级别制”和“专业人员职务聘任制”。在国有企业薪酬实行分类管理之后,国企高管的薪酬可以参考企业性质,那些需要承担一定社会目标责任的公益性企业,考虑该企业在国民经济中的作用、地位和需要承担的社会责任、企业规模等因素,确定一个经营难度系数,由国资委决定一个不能高于同类竞争性企业的薪酬水平;那些以营利为目的的竞争型国企应该在建立现代企业制度的基础上,依据其自身的盈利水平,实行与市场上同类企业一个水平的薪酬制度,从而吸收更多优秀的经营管理人才。那些实行与国际市场薪酬接轨的国有企业,必须做到两点:一是政企分开,企业的经营管理活动逐渐与政府的特殊政策和资金、资源的支持逐渐分离;二是这类企业的管理层应该探索并适应职业化的管理模式,慢慢形成职业经理人市场,并在优胜劣汰的市场中产生企业管理层。

2. 公司内部工资分配制度的合理化

根据国资委规定,高管的年收入不能超过员工年薪的 12 倍。首先,在不同行业、不同地区,这一变量也会随着职工的平均工资而改变。如果薪酬差距过大,会使员工感到不公平,对企业绩效产生不利的影响。所以,企业在制定薪酬政策时,不仅要结合企业所在地的经济发展水平,还要考虑员工的心理承受能力,既要防止过大的薪酬差距带来的负面影响,也要充分利用薪酬差距起到激励的作用。其次,完善国企普遍实施的经营者年薪制。经营者年薪制的核心就是经营者业绩和经营风险直接挂钩,经营者的利益与生产经营的风险相关联,具有激励与约束相结合、公平和效率相统一、规范化和制度化兼具的特点。

(三)完善国有上市公司的内部组织机构

国有上市公司的内部组织架构可以分为三个部分。第一个部分是公司的顶层设计机构,由董事会、党委、监事会、管理层及董事会办公室等部门组成,主要负责制定公司的经营策略和经营方向。第二个部分是公司的盈利单元,负责搭建各行业细分的板块,并在专业化的范围内实现自主经营和决策,以实现利润的最大化。第三个部分是公司运营机构,发挥顶层设计机构和盈利单元之间的“桥梁和纽带”作用,严格控制生产安全、质量,完成各类考核任务完成,确保公司的安全有序生产。完善的国有企业内部组织结构是实现公司有效控制的前提,是提升国有上市公司运行效率的关键环节,是完善内部组织结构的最佳选择。

具体来说,就是要着力从健全系统控制和权利监督运行、完善决策机制、搭建完备的配备措施三个方面来实现公司的内部优化治理。一是国企改革和优化应在坚持党的领导下,按照“市场化”的规律运行,各部门要有全局思维和大局意识,做到协同发展、有序衔接。此外,还要做到权责分明、各司其职,各部门要树立“主人翁”意识,真正做到权利与责任相统一,发挥各自最大效能,共同实现公司的高质量发展。二是建立健全国企的决策机制要着力从以下几点入手。第一,健全决策集团。国有企业的决策者一般是董事会,还应该建立理事会或者监督委员会成为国有上市公司决策机构,并建立相关决策集团与行政管理相分离的机制。第二,优化决策程序。在收集和评估多方信息后,要经过集体协商和评议,形成行之有效的最优方案。第三,做到定量优化决策。国有上市公司承揽承做的项目,很多是关系国家改革发展和经济社会建设大局的关键项目,仅凭过往的经验和纸面的规律难以精准地实现既定目标,因而,做到定量最优解,便成为决策的最佳方案。第四,要做到民主合议。决策集团要听取相关专家的意见,依据本企业经营发展的需要,通过科学论证和分析,作出真正决策,实现决策科学化。三是搭建完备的配备措施。国有上市公司人数众多,机构繁多,搭建一个复杂且高效的内部组织机构,并配置合理的配套措施是上市公司内部治理的关键一环。首先,要明确各项内部规章制度并严格执行;其次,是建立科学的内部核算系统,优化量化考核机制,裁汰冗员、控制成本、激励先进;最后,是加强人才队伍建设力度,打造一支高品格、业务强、复合型的员工队伍,以适应当下越来越激烈的市场化竞争,真正实现国有上市公司的腾飞。

五、结　　语

本文在国家高度重视提升国有上市公司内部治理效能的背景下,通过回顾我国国有上市公司内部结构沿革,旨在探寻提出优化和提升我国国有上市公司内部治理结构的路径。中国国有企业本质上是社会主义公有制的主要实现形式,是国家引导、推动、调控经济和社会发展的重要力量,也是实现广大人民群众利益和共同富裕的重要保证。就国企而言,从经济属性的角度需要它不断提高经济效益和劳动生产率,实现经济利润;从特殊的政治属性的角度又要求它承担物质文明和精神文明建设的双重任务,承担社会责任。新时代,我国国有上市公司的内部治理之路,要顺应时代发展需要,紧紧跟随国家发展需要,要有实现中国梦这样高度的责任感和使命感,以提升公司内部治理效能,真正探索出一条符合中国国情,适应市场化竞争的新时代中国国有上市公司内部治理之路。

科创板招股说明书中存在的问题及改进建议

马志健*

摘　要：科创板注册制实施后，招股说明书的规范相应进行了修改，目前招股说明书中仍存在科创属性不典型、核心技术不充分、内部控制不健全、关联交易不完整、公开信息偏差大、风险因素不准确、目录链接形同虚设、重大事项提示不简洁、详略分布不科学、行文风格不友好、文字表述不清晰等问题，未来可通过辅导文书写作、完善奖惩措施、倡导简明风格、重视量化分析及允许适当宣传等作为完善进路，以期提高招股说明书质量。

关键词：招股说明书　问题　改进建议

科创板自2019年6月开板迄今已有百余家公司上市，[①]作为注册制先行先试的重要"试验田"，科创板是否达到了《证券法》对信息披露的要求，本文通过招股说明书这一最重要的公开发行信息披露文件作为切入点，分析目前招股说明书中存在的问题，并提出针对性建议。

一、招股说明书规范的更新

目前科创板公司招股说明书的编写依据主要是中国证监会发布的《公开发行证券的公司信息披露内容与格式准则第41号——科创板公司招股说明书》（以下简称

---

* 华东政法大学经济法学院博士研究生。

① 《上海证券交易所科创板正式开板》，载上海证券交易所网2019年6月13日，http://www.sse.com.cn/star/media/news/c/c_20190613_4838289.shtml。

41 号准则),与《公开发行证券的公司信息披露内容与格式准则第 1 号——招股说明书(2015 年修订)》(以下简称 1 号准则)中规定的主板公司招股说明书相比,招股说明书有诸多创新变化之处,如表 1 所示。

表 1　比较 1 号准则涉及主板招股说明书规范变动信息

法条变动类型	具体条文(篇幅)关键词
未变动或非实质变动法条	18. 书脊字样;21. 扉页内容;23. 目录页码;24. 释义;26. 招股说明书概览声明;29. 联系方式;30. 股权关系;31. 重要日期;35. 风险定量分析;37. 发行人基本情况;39. 披露关联方;42. 披露股本;51. 主要客户;55. 境外生产披露;56. 公司治理;59. 管理层自我评估;60. 违法违规;61. 资金占用;62. 持续经营能力;63. 同业竞争;64. 关联方;65. 关联交易;66. 关联交易程序;72. 非经常性损益明细表;73. 税种税率;74. 主要财务指标;81. 盈利预测提示;84. 列表披露募集资金;89. 股利分配;90. 本次发行滚存利润;95. 对外担保;96. 重大诉讼仲裁;97. 控实重大违法;98 ~ 106. 尾页声明
实质修改法条	17. 提示科创风险;19. 扉页载明;20. 扉页声明;27. 招股说明书概览内容;28. 本次发行基本情况;32. 风险因素;33. 风险分类;38. 发行人设立情况;40. 披露子公司;41. 披露大股东;43. 披露董监高核;44. 与董监高核重大协议、诉讼纠纷等;45. 董监高核变动情况;46. 董监高核及亲属对外投资;48. 员工情况;49. 主营业务;50. 行业情况;52. 主要供应商;53. 固定资产和无形资产;54. 主要产品和核心技术;70. 财务报表;71. 会计政策和会计估计等;85. 募集资金运用;83. 独立性与募集资金;84. 战略规划
新增法条	22. 重大事项提示;25. 招股说明书披露要求;34. 风险披露要求;47. 董监高核薪酬;57. 特别表决权;58. 协议控制;67. 关联交易非关联化;68. 披露财会信息;69. 披露产品特点业务模式等;75. 财务和非财务指标;76. 经营成果分析;77. 资产质量分析;78. 偿债能力、流动性与持续经营能力的分析;79. 重大事项;80. 资产负债表日后事项;82. 前瞻信息;86. 与现有业务技术关系;88. 投资者关系;91. 股东投票机制;92. 保护投资者合法权益规定;93. 承诺约束措施;94. 重大合同

与核准制下主板公司的招股说明书相比较,科创板公司招股说明书众多尝试与变化值得肯定,现按照招股说明书体例择要点说明如下:

首先,关注科创公司特殊风险。41 号准则仍指示发行人应遵循重要性原则按顺序简明易懂地披露可能直接或间接对发行人及本次发行产生重大不利影响的所有风险因素。风险因素的披露具有三个鲜明特点:(1)发行人应结合科创公司特点,披露由于重大技术、产品、政策、经营模式变化等可能导致的重大风险。(2)发行人披露风险因素时,应针对风险的实际情况,使用恰当的标题概括描述其风险点,不得使用模糊表述。强调尽量对风险因素作定量分析,对导致风险的变动性因素作敏感性分析。

(3)风险因素中仍然不得包含风险对策、发行人竞争优势及类似表述。[①]

其次,区分关联方重大事项。41号准则另外一大亮点,是在发行人关联方领域贯彻了重大性标准的应用,具体而言主要有如下几个方面:(1)与主板招股说明书相比,科创板招股说明书缩小了部分非重要关联方披露财务数据的范围,例如,不重要参股公司只需要披露出资金额、持股比例、入股时间、控股方及主营业务情况。(2)发行人控股股东、实际控制人控制企业取消了基本信息的强制披露要求。(3)发行人董事、监事、高级管理人员及核心技术人员在最近2年内曾发生变动的情况、原因以及对公司的影响。同时应披露其薪酬组成、确定依据、所履行的程序及报告期内薪酬总额占各期发行人利润总额的比重等。披露报告期内薪酬总额占各期利润比重,系科创板和创业板招股说明书所特有。

最后,重申重要披露标准。(1)41号准则细化了业务与技术披露标准,强调发行人应清晰、准确、客观地披露主营业务、主要产品或服务的情况以及所处的竞争状况。[②] (2)相比较主板公司招股说明书,科创板要求披露全部关联交易的简要汇总表,关联交易非关联化比照关联交易要求披露。[③] (3)相比较主板公司招股说明书对于财务报表的披露要求更加科学,主板招股说明书要求披露合并报表和母公司报表的,科创板招股说明书要求披露合并报表,合并财务报表与母公司财务报表存在显著差异的,应披露母公司财务报表。[④]

规范变化之处不仅仅限于上述所列,41号准则将重大性标准融入各个规范各个层面,针对科创企业的特殊性,制定了远远有别于主板的规定,制度层面的创新也带来了深刻的挑战。例如,特别表决权制度项下,招股说明书中应披露可能对公司治理的风险及投资者保护措施。同时,招股说明书应便于投资者阅读,浅显易懂、简明扼要、逻辑清晰,尽量使用图表、图片或其他较直观的披露方式,具有可读性和可理解性。[⑤]

---

① 参见41号准则第32~35条。

② 参见41号准则第49条。

③ 参见41号准则第65条。

④ 参见41号准则第70条。

⑤ 参见41号准则第10条。

二、存在的问题

笔者整理了截至2021年6月底注册生效的科创板上市公司招股书,从内容合规及形式美观两个层面进行考量,问题集中体现于如下方面。

(一)内容合规

招股说明书作为重要的信息披露载体,真实、准确、完整地披露发行人信息是内容合规的本质要求。

1.科创属性不典型

科创属性是科创板的特色,所有公司均应在招股说明书中论述其科创属性,实践中主要存在科创属性较低的公司通过美化业务实质、强行论证情形,随着《科创属性评价指引(试行)》和《科创板企业发行上市申报及推荐暂行规定》等规定的落地,科创属性的企业的内涵和外延进一步明确,科创属性有了具体的评价指标体系。科创属性标准实现了量化,这一核查难度变小且可操作性。上海证券交易所通常会结合主营业务、产品、技术等多重要素,按照实质重于就公司是否属于科创企业进行重点问询。拟上市公司存在为冲击科创板而在招股说明书中美化业务实质,强行论证具有科创属性的问题。例如,中国证监会要求进一步论证发行人业务实质不为数字营销、广告投放业务,而将公司定位于“大数据服务提供商”不存在误导投资者的原因及合理性。①

2.核心技术不充分

核心技术是科创属性公司的重要特征,招股说明书披露要点主要包括:一是发行人能够通过持续的研发投入积累形成核心技术。二是发行人主要的生产经营能够以核心技术为基础,将核心技术进行成果转化,形成基于核心技术的产品(服务)。三是核心技术的判断主要结合发行人所处行业的国家科技发展战略和政策、整体技术水平、国内外科技发展水平和趋势等因素,综合判断。四是发行人主要产品或服务的核心技术及技术来源,结合行业技术水平和对行业的贡献,披露发行人的技术先进性及具体表征等。② 例如:中国证监会要求充分披露发行人现有核心技术中能够衡量发行

① 本案例来自上海证券交易所官方网站(http://star.sse.com.cn/)公开披露的反馈回复信息,若无特别说明,下述申请在科创板上市的公司案例均为相同出处。

② 参见《科创板首次公开发行股票注册管理办法(试行)》第3条、《上海证券交易所科创板股票发行上市审核问答》第10条、41号准则第54条。

人核心竞争力或技术实力的关键指标、具体表征及与可比公司的比较情况等。总体来看，核心技术认定标准较高，需要多维度论证，核心技术产品占比较低、核心技术认定依据不足和核心技术来源成疑是普遍存在的问题。此外，招股说明书中经常出现的“国内领先”“国际领先”“文献报道的行业最优水平”等夸大性描述由于缺少量化指标饱受审核部门质疑。

3. 内部控制不健全

发行人内部控制制度健全且被有效执行，与保护中小投资者利益息息相关，首次申报审计截止日后，发行人原则上不能再出现上述内控不规范和不能有效执行情形。[①] 审核部门对于内控制度规范性趋于严厉，如中国证监会认为发行人将会计差错更正认定为特殊会计处理事项的理由不充分，不符合会计准则的要求，存在内控缺失的情况。又如，发行人未充分关注发行人内部控制存在的缺陷及风险，相关核查工作不到位，发行人报告期内存在会计基础工作不规范、内部控制制度执行不到位等问题。同时，保荐代表人在首轮问询关于内部控制制度建设、执行情况及有效性等多个问询回复中，发表的核查意见并未结合发行人报告期内上述相关内部控制缺陷及风险，作出的结论性意见依据不充分，导致相关信息披露不准确。从既有案例来看仍在招股说明书中突出存在会计基础不规范，内控制度不健全等重大问题。

4. 关联交易不完整

从过往案例来看，关联方和关联交易属于公司容易造假的地带，核查难度大，需中介寻找蛛丝马迹，抽丝剥茧般发现是否有重大遗漏，如下述案例：发行人报告期内的主要客户及销售情况是投资者作出价值判断和投资决策的重要信息。保荐代表人对发行人主要客户之间存在的疑似关联关系特征、资金往来异常情况及相关销售合同签订、执行情况未能全面地核查验证，核查结论不审慎，履行相关保荐职责不到位。中介机构核查不到位，公司故意隐瞒等诸多原因容易导致招股说明书中关联关系和关联交易披露不完整。

5. 公开信息偏差大

公司公开信息略有三类：一是公司日常经营的公开信息；二是在全国中小股份转让系统挂牌或区域股权市场挂牌企业披露的公开市场信息；三是与境外上市公司存在关联关系的信息。(1)公司自设立以来的工商登记信息、涉诉和公司及关联方失信

---

① 参见《上海证券交易所科创板股票发行上市审核问答(二)》第14条。

情况等基本信息可通过公开渠道查询,招股说明书不应与其存在明显差异,此部分核查较简单。(2)针对新三板公司,主要问题通常表现为财务数据差异大,首轮问询反馈特别关注发行人信息披露差异,例如,中国证监会要求发行人结合在全国中小企业股份转让系统披露的年报、半年报等定期报告及其他重要的临时公告,进一步说明发行人申报文件信息披露与其在全国中小企业股份转让系统的信息披露是否存在重大差异。(3)拟上市公司客户供应商为境外上市公司的,招股说明书中存在与境外披露信息相矛盾的问题。

6. 风险因素不准确

风险因素的披露集中于招股说明书重大事项提示部分和第四节专章部分,主要问题在于披露不够准确,主要表现为定量分析比率偏低、前后重复罗列风险、美化风险因素等问题。(1)发行人应遵循重要性原则按顺序简明易懂地披露可能直接或间接对发行人及本次发行产生重大不利影响的所有风险因素。特别需注意的是,发行人应尽量对风险因素作定量分析,对导致风险的变动性因素作敏感性分析。无法进行定量分析的,应有针对性地作出定性描述。截至 2021 年 6 月底已经披露招股说明书(定稿版)的科创板公司,定量分析的比率中位值占不足一半,最少仅 1/4。风险因素披露总数中位值只有 23 个,最低仅有 12 个。且风险提示部分风险因素和第四节风险因素描述完全一致、前后重复罗列的情况比比皆是。(2)招股说明书风险因素中不得包含风险对策、发行人竞争优势及类似表述。该等规定主要基于防止公司过分夸大其实、美化风险,误导投资者,但从实际效果来看,公司有自我美化的原始冲动,绝对禁止可能会导致公司变相表述风险对策、美化风险。

(二)形式美观

首先,招股说明书的使用主体是理性投资者,使理性投资者快速获取重大信息,理解公司的真实情况,准确作出价值判断和投资决策是首要目标。其次,招股说明书作为一种法律文书,一方面,应体现其专业性;另一方面,形式的简单可理解也日益受到人们的重视。此外,招股说明书简洁清晰、通俗易懂是商事效率原则的必然要求。

目前我国招股说明书的形式要求主要存在于立法的原则层面,缺少详细指引,理论研究不够系统深入,科创板公司招股说明书形式层面突出表现为惯用大段文字叙述、遣词造句复杂、详略分布不当等问题,特举几例详细叙述。

1. 目录链接形同虚设

目录的主要作用在于方便快速定位,便于阅读。分析目录主要存在如下问题:

(1)科创板公司招股说明书目录位置劣后于重大事项风险提示。因此,如果重大事项提示页数过多,目录会过于后置,影响阅读体验。投资者最多需翻阅 29 页才能见到目录页,平均也需要翻阅 11 页才能到达目录页,违背了招股说明书简明清晰、通俗易懂的要求,不能有效发挥目录的作用。

(2)另外一个影响有效阅读的问题即科创板公司招股说明书普遍使用二级目录,导致目录冗长,与我国香港交易所上市公司招股说明书目录不同,二级目录信息冗余,影响阅读体验。

(3)此外,招股说明书中其他不便于投资者阅读之处体现在:每一节阅读结束后没有返回目录链接;有的目录是文本格式,并无链接作用等。

2. 重大事项提示不简洁

重大事项提示所提示的是重大性程度较高,且与公司特点及生产经营能力息息相关的事项,位列招股说明书前端。考察目前科创板公司招股说明书突出存在如下问题:(1)重大事项前后重复描述,未以简要语言概括描述。(2)重大事项不突出,承诺事项(41 号准则第 93 条)放入其中,实无必要照搬或者以索引方式提示投资者,而应被径行放入“投资者保护”一节。(3)重大事项提示形式差异大,过分简单和过分复杂情况同时存在,最多有 26 页,最少 1 页,侧面反映出不同公司招股书对于重大事项提示的理解差异较大。

3. 详略分布不科学

所谓重者恒重、轻者恒轻,突出重大事项,简化非重大事项,是贯彻重大性标准的题中之义。目前科创板招股说明书尚有进步空间,突出表现在如下方面:(1)目前招股说明书中仍存在详略分布不科学、“信息过载”的现象,如公司历史沿革、知识产权明细等非重大信息冗长详细,业务、技术、科创相关重大信息不够突出。重大性标准贯彻不足,未做到重要事项详细表述,非重大事项简明扼要,详略得当。(2)招股说明书中大段描述随处可见,宏观分析为主,缺少量化分析和数据支撑。

4. 行文风格不友好

行文风格是可理解性的一个重要指标,目前招股说明书中主要存在下述问题:披露业务与技术时使用市场推广的宣传用语或夸大其词的描述,使用艰深晦涩、生僻难懂的专业术语。此外,笔者也注意到颇为有趣的现象,香港交易所上市公司招股说明书中行文均为第一人称“我们”(we),相比较科创板招股说明书为第三人称“发行人”而言,除了语气更为亲切友好,we 包括子公司、控股股东、实际控制人等关联方,而发行人并不包括关联方的概念,因此第一人称的表述更为精确。

5. 文字表述不清晰

前已述及,披露核心技术或市场地位使用"领先""先进"等夸大的定性描述容易受到上海证券交易所的质疑,语言表述的模糊也会降低文本的可理解性。

相较而言,上海证券交易所注册制审核问询力度更大,审核问询问题更多。① 尽管如此,招股说明书质量仍然未达到理想状态,②距离内容合规及形式美观的目的仍有一段距离。笔者认为,原因可能有几个方面:首先,注册制推行时间较短,中介机构和发行人受核准制影响较大,仍存有包装上市的心态。其次,发行人和中介机构对如何按照试点注册制改革理念,在发行上市环节落实以信息披露为中心的监管要求,理解深度不够、重视程度不够、执行力度不够。③ 最后,从供求关系角度来看,目前上市公司仍是稀缺资源,很多公司不够重视招股说明书,不需要通过招股说明书吸引投资者。

三、科创板公司招股说明书合规完善路径

招股说明书所披露内容普遍存在科创属性不典型、核心技术不充分、内部控制不健全、关联交易不完整、公开信息偏差大、风险因素不准确等诸多不合规范之处。同时,形式方面存在目录链接形同虚设、重大事项提示不简洁、详略分布不科学、行文风格不友好、文字表述不精确等不美观现象。笔者建议从如下几点入手,有针对性地改善前述问题。

(一)辅导文书写作

1. 反馈问询

交易所在审核招股说明书过程中,可通过反馈问题的形式提出更为详尽的修改建议。以中概股企业为例,反馈意见通常结合具体的页码及文字表述提出问题及非常详尽的改进建议,例如:蔚来(NIO)在反馈问题中要求其"界定第15页中JAC术语含义并简要披露与经营实体关系的性质"。④ 无论是内容还是形式等方面存在问题均可通过

---

① 笔者整理了截至2021年6月底已经注册生效的科创板公司第一轮审核问题数量分布情况,中位值46个,最多76个反馈问题(天合光能股份有限公司),远高于我国香港证券市场20~30个的反馈问题量。

② 如上海证券交易所在对江苏艾迪药业股份有限公司上市审核过程中要求其全面修改招股说明书。

③ 《上海证券交易所答记者问:目前披露的招股说明书存在五点突出共性问题》,http://finance.sina.com.cn/roll/2019-04-23/doc-ihvhiqax4638177.shtml。

④ 申请在美上市中概股公司披露资料均通过美国证券交易委员会网站(https://www.sec.gov/edgar/search-and-access)获取,若无特别说明,下述申请在美证券交易所IPO公司均为相同出处。

交易所审核问询方式要求发行人在招股说明书中进行解释并提出明确的修改建议。

2. 辅导培训

交易所可考虑针对发行人招股说明书写作中存在问题进行前期辅导并对中介机构进行定期培训。重大事项提示不简洁、详略分布不科学、行文风格不友好等问题可通过提高中介机构认识、系统性专门训练。如提示目录置于重大事项提示之前。避免二级目录,细化一级目录。引入返回键等利于篇章阅读的工具。

3. 写作指南

科创板招股说明书目前主要根据审核部门的反馈要求以及《关于切实提高招股说明书(申报稿)质量和问询回复质量相关注意事项的通知》等指导意见修改招股说明书,缺少系统的写作指南。笔者建议,可以案例展示方式就招股说明书的语言、表述、修辞、格式等进行专门辅导。未来可进一步打破行业、法律和财务会计的明确界分,以重大性为标准,重要事项详细表述,非重大事项简明扼要,详略得当。

(二)完善奖惩措施

1. 奖励措施

完善的奖励措施与招股说明书合规是正向互动的关系:一方面,可对提供符合发行上市条件,且简明清晰、通俗易懂招股说明书的公司,优先审核、快速注册,对质量较高的招股说明书进行表彰、宣传、推介。另一方面,应鼓励外部监督。注册制下,招股说明书的审核时间短、审核要求高,新闻媒体及举报人的外部监督对于弥补审核部门不足有重要意义,其可在一定程度上保证招股说明书内容真实、准确、完整,揭露虚假记载、误导性称述及重大遗漏事项。

2. 惩罚举措

完善惩罚举措是提高招股说明书质量的应有之义,徒法不足以自行,截至 2020 年 5 月底,上海证券交易所已作出 17 份监管措施决定、2 份纪律处分决定。主要针对擅自修改招股说明书内容和反馈问题,尽职调查不充分等问题采取了自律监管措施。[①] 除此之外,发行人及相关责任方于隐瞒重要事实或者编造重大虚假内容(欺诈发行)情形,得依据《证券法》第 181 条承担行政责任;情节严重的,得依据《中华人民共和国刑法》第 160 条承担刑事责任;于披露的信息有虚假记载、误导性陈述或者重大遗漏的情形,得依据《证券法》第 197 条承担行政责任。

---

① 上海证券交易所科创板股票审核监管措施,http://kcb.sse.com.cn/credibility/supervision/,最后访问日期:2020 年 6 月 20 日。

(三)倡导简明风格

1. 简明手册

科创板招股说明书形式方面同样存在目录链接形同虚设、重大事项提示不简洁、详略分布不科学、行文风格不友好、文字表述不精确等诸多问题,可贯彻简明风格。

2. 案例示范

优质案例示范效应大,如对参与简明英语试点(The Pilot Program)的企业美国证券交易委员会将给予审核上的鼓励,优先快速审核其公开发行文件。贝尔大西洋和纽约尼克斯公司(Bell Atlantic and NYNEX)合并并参与试点的成功案例证明了即使是大型企业集团也可改变其写作习惯,且并未增加其成本。① 交易所可向市场推广优秀案例,发挥其示范带动作用。

(四)重视量化分析

1. 定量分析

定量分析已受到广泛重视,从实际效果看招股说明书该项指标仍不尽如人意,前已述及,披露核心技术或市场地位使用"领先""先进"等夸大的定性描述容易受到上海证券交易所的质疑,语言表述的模糊也会降低文本的可理解性。可进一步明确风险因素以定量分析为主要求,如公司仍以定性分析为主的原因及必要性。倡导减少宏观分析,鼓励言之有据,论点拥有翔实的量化分析和客观、权威并具有时效的数据支撑。

2. 通俗易懂

招股说明书中对于公司业务描述的部分容易产生艰深晦涩、生僻难懂的专业术语。以我国香港交易所上市公司招股说明书为例,通常很难见到晦涩难懂的大段描述。如开拓药业(SEHK:09939)在业务部分简明扼要地指出"我们的在研药物组合用于治疗市场潜力大的主要癌症类型及其他 AR 相关疾病。我们已开发出五种在研药物",并以彩色图表形式列出在研药物的机制、适应证及开发进展。通俗易懂、一目了然,非行业专业人士也能快速准确理解。除前述语言简明,善用数据的方法可资借鉴,大量运用使用图表且尽量不用过于艰深晦涩专业术语的做法值得大力推广。鉴于简明通俗的标准如此难以清晰界定,可借鉴"迷雾指数"(gunning frog)方法评估文件的可读性。②

---

① See Fromson, supra note 119, at H4. Ordinarily, SEC examiners can stall a security offering into the market if it is either inaccurate or poorly written.

② [美]杰勒米·麦克莱恩:《标准文本及其对证券市场信息披露的影响》,韩励豪、翟玉涛、吴紫君、邹莹译,载卢文道主编:《证券法苑》第27卷,法律出版社2019年版。

（五）允许适度宣传

1. 自我宣传

招股说明书作为要约邀请[①]具有招徕投资者的用途：一方面，要求其披露内容事实真实、准确、完整；另一方面，招股说明书也是有效的市场营销工具，通过积极适当宣传能够提高投资者的购买欲望。[②] 如Facebook（FB）招股说明书中在其“招股说明书概要”部分简要介绍其使命、目的，以及如何为客户创造价值等。[③] 再如网易（SEHK：09999）在招股说明书目录后附有“来自创始人兼首席执行官的公开信”，[④]具有很好的宣传作用，能够提高投资者对公司的认知度。

2. 风险对策

招股说明书风险因素中规定不得包含风险对策、发行人竞争优势及类似表述。但基于发行人自我美化的原始冲动，有必要允许发行人有针对性地表述风险对策及其优势，并以提示投资者为限。如我国新三板公司在挂牌时披露的公开转让说明书中允许表述风险因素的对策及竞争优势，取得了良好的效果，值得参考借鉴。[⑤]

四、结　语

注册制代表了市场主导力量的回归，科创板肩负着注册制发展进化的重要使命，招股说明书的信息披露要求已被拔高到了前所未有的高度，体现了未来发展趋势，也是资本市场法治化的必由之路。考察其他繁荣证券市场的案例，招股说明书水平的提升均经历了一个漫长发展的过程。我国注册制尚处于起步阶段，招股说明书的质量仍有诸多有待完善之处。法律规范层面的革新仅仅是迈向未来的第一步，注册制和科创板的发展呼唤高质量的招股说明书，未来围绕其内容合规及形式美观的具体标准有赖于判例、学说和立法的良性互动及深入展开。

---

① 《民法典》第473条第1款的关于招股说明书为要约邀请的规定应作合目的性限缩解释，发行承销前招股意向书以前版本可认其为要约邀请，要约邀请中已明确事项将作为合同内容，违反发生合同法上违约责任。

② Andras Kecskes & Vendel Halasz, *The Role of Prospectus Documentation and Prospectus Liability*, 31 Pravni Vjesnik 167, 2015.

③ https://www.sec.gov/Archives/edgar/data/1326801/000119312512101422/0001193125-12-101422-index.htm。

④ https://www1.hkexnews.hk/search/titlesearch.xhtml。

⑤ 参见《全国中小企业股份转让系统公开转让说明书内容与格式指引（试行）》第21条。

投教园地

INVESTOR

《证券法》视角下提升投资者教育服务质效的工作思考

——基于上海辖区投资者学习了解《证券法》情况调查

盛峰英* 张飘飘** 万 菁***

摘 要：上海证监局对辖区投资者学习了解2019年《证券法》情况开展了调查问卷。结果显示，约70%投资者已了解2019年《证券法》基本常识，伴随年龄和资产规模的增长，投资者对2019年《证券法》了解情况向好；60%以上的投资者主要通过互联网获取2019年《证券法》知识，老年投资者更倾向于使用实体投教基地；增设投保专章、代表人诉讼、公开征集股东权利、投资者适当性入法等投保新举措获得投资者广泛关注认可，但投资者对投保机构知晓度有待提升；70%以上的投资者选择通过自行和解来解决证券纠纷，对证券公司强制调解、投保机构调解等纠纷化解途径认可度有待提高。有鉴于此，上海证监局提出了加强投资者教育精准度和有效性，强化对投保机构和投保制度的重点宣传，发挥证券调解纠纷化解优势的工作建议。

关键词：2019年《证券法》 投资者调查 投资者教育 调解

2019年《证券法》实施以来，上海证监局坚持“深入学习、积极宣传、认真贯彻”齐头并进，开展大量投资者普法宣传活动，引导督促辖区证券经营机构、从业人员深入推进2019年《证券法》的学习贯彻实施。为评估掌握投资者对新法的了解程度及对相关制度的观点和看法，我局指导上海市证券同业公会开展了“学习新《证券法》投资者调查问卷活动”，动员辖区证券经营机构邀请广大投资者参与，得到了积极响应

---

* 上海证监局投资者保护工作处四级调研员。

** 上海证监局投资者保护工作处三级主任科员。

*** 上海市证券同业公会副秘书长。

和广泛支持,我局在汇总整理本次调查问卷数据基础上,形成了相关分析报告。

一、总 体 情 况

本次调查周期为2020年10月1日至31日,采取线上答题形式,共收回有效问卷7441份。调查样本均匀覆盖了辖区各年龄层、职业、投资年限、资产规模和风险等级的投资者。

表1 调查对象分布表

分类		人数/人	占比/%
年龄	18~30岁	2083	28
	31~40岁	2339	31
	41~50岁	1184	16
	51~60岁	1034	14
	超过60岁	801	11
职业状况	公务员和事业单位人员	653	9
	国有企业工作人员	2153	29
	民营企业、外企工作人员	2175	29
	下岗、离退休人员	1071	14
	在校学生	138	2
	自由从业	841	11
	其他	410	6
投资年限	不足1年	857	12
	1~5年	2679	36
	5~10年	1684	23
	10年以上	2221	30
证券投资资产	不足10万元	2364	32
	10万~50万元	2900	39
	50万~100万元	1180	16
	100万元以上	997	13

续表

分类		人数/人	占比/%
风险等级	低风险	626	8
	中低风险	1175	16
	中风险	1874	25
	中高风险	2758	37
	高风险	962	13
	不了解	46	1

二、投资者对2019年《证券法》基本常识的了解程度

当问及2019年《证券法》发布和实施时间等常识问题时,69%的投资者回答正确;如图1所示,5个年龄组中,40岁以下的投资者准确率低于均值,40岁以上的投资者中,随着年龄增长,正确率呈递增趋势;4个资产规模组中,50万元以下资产规模的投资者正确率为68%,50万元以上为71%。由此可见,随着年龄和资产规模的增长,投资者对2019年《证券法》基本常识的关注程度和知晓程度越高。

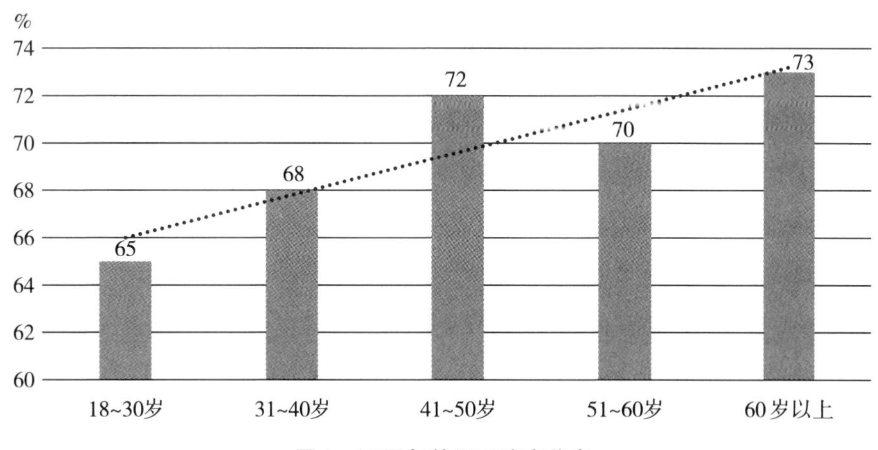

图1　不同年龄组正确率分布

三、投资者了解2019年《证券法》的信息渠道

当问及投资者了解2019年《证券法》的方式或信息渠道时,62%的投资者主要通过证券公司官网、微博、微信公众号、App、原创图文、动漫短视频等线上方式获取

2019年《证券法》相关信息;15%的投资者通过投教基地获取信息;21%的投资者通过在证券公司营业部现场或通过证券公司发放的实物书籍、手册获取信息。5个年龄层中,50岁以下的投资者信息获取渠道与总体分布一致,50岁以上投资者选择投教基地作为信源的比例高于均值,而选择证券公司App作为信源的比例低于均值。由此可见,投资者主要选择线上形式获取2019年《证券法》相关信息,相较年轻投资者,中老年投资者更愿意选择使用投教基地(详见图2)。

当问及投资者拟通过何种方式或渠道进一步了解2019年《证券法》时,如图3所示,75%的投资者选择收看新闻媒体宣传报道;71%的投资者选择通过浏览互联网、自媒体等;65%的投资者选择通过政府公共平台或证券公司宣传;54%的投资者选择通过社区咨询宣传形式;41%的投资者选择通过课程、专题讲座等形式。

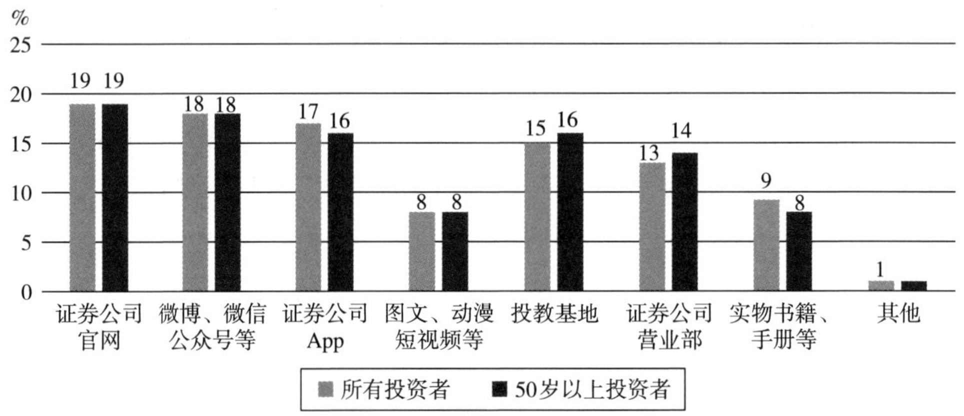

图2 投资者了解2019年《证券法》信息渠道分布

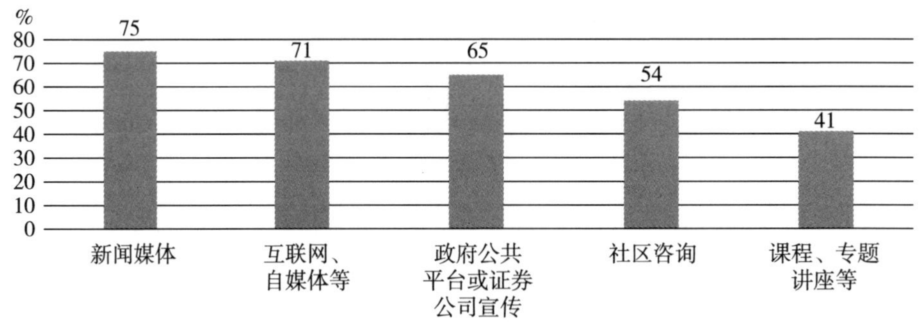

图3 投资者拟进一步了解2019年《证券法》的方式或渠道

四、投资者关注的2019年《证券法》修订内容

如图4所示,当问及投资者关注的2019年《证券法》修订内容时,74%的投资者关注了证券发行实施注册制,68%的投资者关注了新增“投资者保护”专章,65%的投资者关注了证券范围的适度扩大,61%的投资者关注了精简优化证券发行条件,60%的投资者关注了强化信息披露要求,59%的投资者关注了加大对证券违法行为的打击力度,52%的投资者关注了调整证券发行的程序,47%的投资者关注了在证券发行文件中隐瞒重要事实或编造重大虚假内容的发行人回购股票义务,44%的投资者关注了证券服务机构及其工作人员应依法为投资者的信息保密。

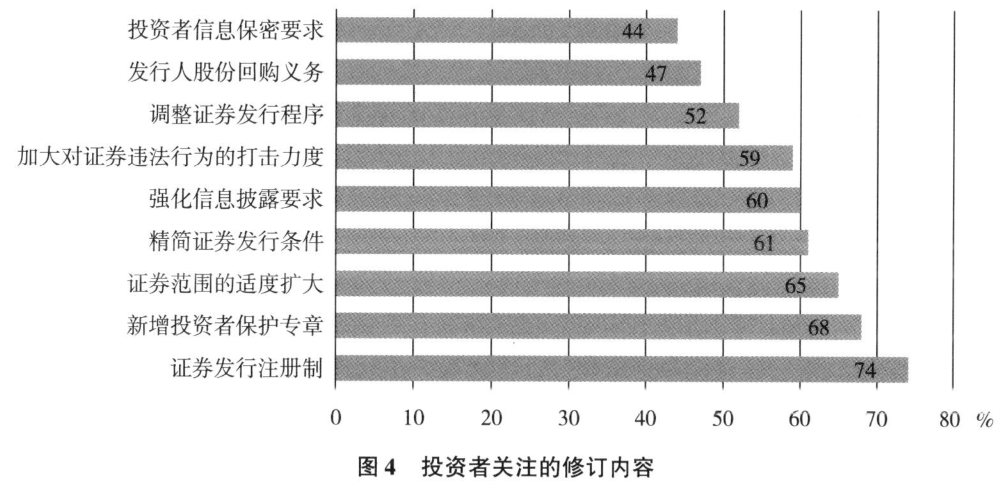

图4 投资者关注的修订内容

如图5所示,当问及投资者关注的“投资者保护”专章内容时,71%的投资者关注了区分普通投资者和专业投资者;66%的投资者关注了完善上市公司现金分红制度;65%的投资者关注了证券销售适当性规定;60%的投资者关注了公开征集股东权利;58%的投资者关注了先行赔付制度;49%的投资者关注了证券纠纷的强制调解制度;47%的投资者关注了投保机构支持诉讼;47%的投资者关注了债券持有人会议和债券受托管理人制度;40%的投资者关注了投保机构作为受托人的特别代表人诉讼。此外,调查发现,100万元以上资产规模的投资者对先行赔付制度的关注度比例为66%,高于均值3个百分点,由此可见,高净值投资者对赔付机制关注度和敏感度更高。

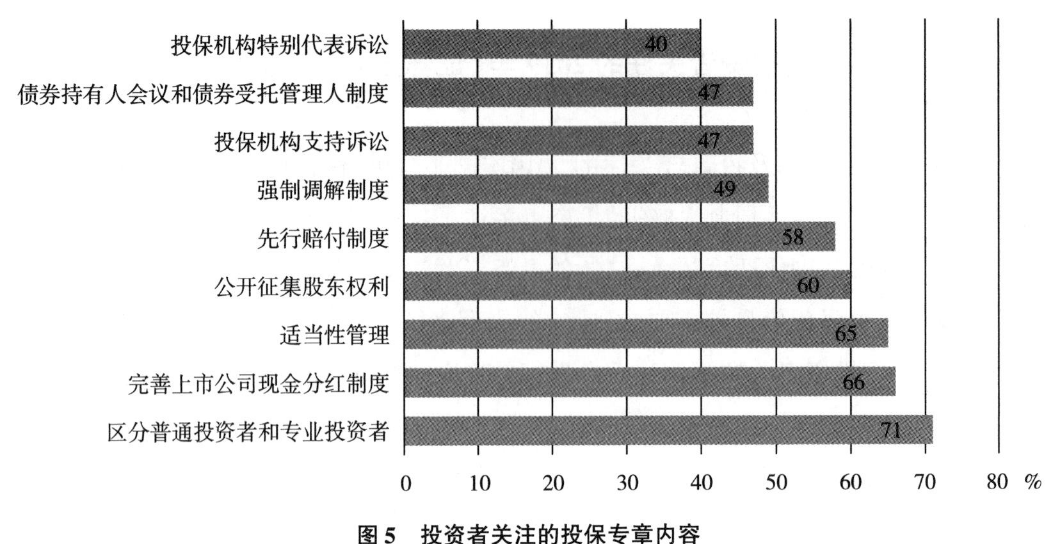

图5 投资者关注的投保专章内容

五、投资者对2019年《证券法》相关制度设计的观点和看法

当问及对投资者适当性制度的了解时,71%的投资者关注了证券公司应当“了解客户”,推介适当的产品;71%的投资者关注了投资者负有如实提供信息的义务;70%的投资者关注了2019年《证券法》对普通投资者和专业投资者的分类保护;59%的投资者关注了与普通投资者发生纠纷时,证券公司承担举证责任;43%的投资者关注了证券公司的赔偿责任。

当问及对公开征集股东权利制度的看法时,80%的投资者认为该制度有助于引导投资者认识、了解自身权利;74%的投资者认为该制度对个人投资者理性行权具有示范作用;72%的投资者认为该制度便于个人投资者行使股东权利;65%的投资者认为该制度可减少个人投资者单独行使股东权利的成本;56%的投资者认为该制度有助于彰显个人投资者参与重大事项决策的权利;还有17%的投资者认为其对个人投资者行权影响不大。

当问及对先行赔付制度的看法时,87%的投资者认为该制度有利于维护投资者的合法权益;75%的投资者认为该制度有利于降低投资者维权的成本、为投资者提供及时的法律救济;另有26%的投资者认为对投资者权益保护意义不大。

当问及对不得滥用停复牌损害投资者合法权益规定的看法时,39%的投资者认为该规定有利于遏制部分上市公司停牌时间过长、随意停牌的现象;24%的投资者认为该规定有利于保护投资者的交易权;20%的投资者认为该规定有利于保护投资者的知情权;14%的投资者认为该规定有利于维护市场效率;2%的投资者认为该规定对保护投资者合法权益意义不大。

当问及对加大证券违法行为惩处力度的看法时,85%的投资者认可对欺诈发行负有直接责任的主管人员和其他直接责任人员追究法律责任;82%的投资者认可完善证券市场禁入制度;81%的投资者认可大幅提高行政处罚金额;64%的投资者认可新增证券市场诚信档案制度。由此可见,投资者对提高证券违法行为的行政处罚力度认可度较高,在各项制度中,对证券市场诚信档案的认可度略低。

六、投资者对证券纠纷解决的处理方式

当问及投资者倾向采用的纠纷解决方式时,71%的投资者选择自行和解方式;选择第三方居中调解、法院诉讼、向监管部门投诉、申请仲裁的投资者比例分别为59%、59%、59%、58%,数据差异较小,投资者倾向不明显。

当问及对投资者保护机构的了解时,85%的投资者关注了投保机构可以受托对受损投资者进行先行赔付;72%的投资者关注了投保机构可以受托进行纠纷调解;72%的投资者关注了投保机构可以受托代为行使表决权等;62%的投资者关注了投保机构可以代为提起诉讼;46%的投资者关注了投保机构可作为代表人参加诉讼。可见投资者对投保机构及其法定职能已有初步了解。

七、相关工作建议

调查结果显示,上海辖区市场各方和社会各界多措并举,线上线下联动持续向投资者普及推广2019年《证券法》,引导投资者学法、知法、守法、用法,提高自我保护能力,总体情况持续向好。本次《证券法》修订创新制度多、修改幅度大,充分体现了保护投资者合法权益的立法导向和立法宗旨。增设投保专章、建立投保机构代表诉讼制度、公开征集股东权利制度、将投资者适当性制度入法等投保举措获得了投资者的广泛关注和充分认可。与此同时,针对调查结果反映的投资者在学习方式、关注重点、理解程度方面的差异,本文提出以下意见建议供优化工作参考。

(一)分类施策,加强投资者教育精准度和有效性

一是40岁以下的投资者在总调查对象中约占60%,其对2019年《证券法》基本

常识的了解显著低于均值。可见投资者群体呈现年轻化趋势,但投资者的受教育程度与投资知识水平未相匹配。针对年轻投资者的教育与保护,一方面,建议持续加大金融投资知识纳入国民教育力度;另一方面,侧重为年轻投资者提供多元、专业、易获取的投教产品,增强其接受度和认同度。二是互联网已成为投资者获取2019年《证券法》信息的主要方式,新闻媒体仍具有较高权威性,是投资者获取信息的首选渠道。由此投教服务应进一步顺应互联网发展趋势,提高智能化水平,积极借助新闻媒体"杠杆力"作用,尝试社交媒体、公众号等新媒体形式,有效扩大投教服务受众人群。三是50岁以上投资者更倾向于访问实体投教基地。建议充分利用投教基地打造一线窗口,针对老年投资者等重点人群,开展风险警示教育,提供看得懂、有意思、有温度的投教产品,使老年投资者易于吸收、乐于接收,切实提升鉴别非法证券活动能力。

(二)有的放矢,强化对投保机构和投保制度的重点宣传

调查显示:投资者对投资者保护机构作为依法设立的公益性社会组织的法律地位,及2019年《证券法》赋予其的支持诉讼、公开征集股权权利、特别代表诉讼等法定职责的关注度和知晓度有待提升;部分投资者对欺诈发行股份回购、证券公司强制调解、先行赔付、证券市场诚信档案等新增投保制度持观望态度。

投保机构和2019年《证券法》建立的投保创新制度是基于我国资本市场特殊的投资者结构与特征、权益救济现状,在借鉴域外司法实践的基础上进行的制度创新。投资者知法用法是用足用好投保机制,使其充分发挥效用的基础,调查结果反映广大投资者对投保机构及投保创新制度的认识程度尚有差异,建议一是就投保机构和与投资者切身权益密切相关的投保制度开展专题宣传,加快投保机构和投保制度进入普通投资者与社会公众的视野。二是大力推动投保配套制度与细化规定的制定与公开,强化示范效应,为投资者理性维权发挥指导作用。三是遴选重大、典型性、具有社会影响力的案件,推动投保创新制度的落地。并配合成功实践案例开展深度报道、媒体推广,深化投资者认知和教育,逐渐让投资者愿意接受、乐于使用,使投保制度真正取得实效。

(三)补齐"短板",发挥证券调解纠纷化解优势

调查显示,投资者对证券纠纷处理首选方式为自行和解,对证券公司强制调解、投保机构等调解组织居中调解等通过调解方式化解纠纷的渠道认识不足,导致实践中投资者在自行和解不成情况下,大量经济纠纷涌入监管部门和司法机关,调解机制未充分发挥作用。建议一是加大对调解的宣传力度,提高调解组织的公信力与权威

性,塑造专业调解形象,让市场机构和投资者知调解,进而积极、大胆参与调解工作。二是探索调解组织的优化升级,提高纠纷化解效率。建立考核激励机制,调动调解组织的积极性,持续优化调解员队伍,择优选聘具有经验丰富的法律合规人士、社会律师和高校专家等加入调解员队伍,发布证券调解示范案例,为深化改革提供指导样本。三是推动完善司法确认和调解衔接机制。深入推进诉调对接、访调对接等工作,在辖区探索打造"一站式"投资者服务和纠纷化解平台,推动证券纠纷多元化解工作再上新台阶。

《证券法》下证券公司投资者适当性管理常见问题与对策建议

马　鸣*

摘　要：随着资本市场快速发展，投资者权益保护得到长足发展，投资者适当性管理的重要性也逐步提升，本文通过对多家证券公司总部及分支机构投资者适当性管理的深入调研，梳理证券公司投资者适当性管理现状，发现适当性管理过程中存在的问题和困难，结合域外适当性管理实践和我国实际提出意见建议，旨在进一步提升行业投资者适当性管理的能力，进一步加强全行业投资者保护工作水平。

关键词：适当性管理　证券公司　匹配　信息披露

前　言

众所周知，投资者适当性制度是国内外资本市场通行中小投资者保护措施，根据国际证监会组织《金融产品和服务零售领域的客户适当性》所给出的定义，投资者适当性是指“金融中介机构所提供的金融产品或服务与客户的财务状况、投资目标、风险承受水平、财务需求、知识和经验之间的契合程度”。该规则的目的主要在于让证券公司等中介机构负担起适当性义务，保护投资者利益，从而避免中介机构为了自己的利益将高风险的业务和投资产品推荐给不适合的投资者，损害投资者利益，破坏市场秩序。投资者适当性制度在投资者保护、完善证券公司内部治理、减少系统性金融风险、维护金融稳定等方面都有重要作用。中国证监会 2008 年发布的《证券公司监督管理条例》中首次将投资者适当性要求引入市场监管要求，之后的十几年时间里，

* 作者单位为安徽证监局投保处。

最高人民法院、中国证监会、上海证券交易所、深圳证券交易所等有关部门和证券行业自律组织先后发布了主板、创业板、中小板、新三板、科创板等领域投资者适当性的制度要求20余件。尤其是2019年12月28日通过的《证券法》中正式增加了投资者适当性要求,并纳入投资者保护专章中。

一、证券经营机构适当性管理现状

随着2017年中国证监会颁布实施《证券期货投资者适当性管理办法》,投资者适当性从探索阶段进入了全国范围内的落实阶段,我国证券市场的投资者保护工作也进入全新的发展阶段。经过近些年来对适当性制度的有效时间,整个行业贯彻新发展理念,锐意进取深化改革的大背景下,证券期货经营机构对适当性管理都有了更为深刻的理解,达成了多项共识,如投资者适当性是把合适的产品或者服务提供给合适的投资者;投资者适当性是现代金融服务(银行证券保险等)的基本原则和基本要求。2019年《证券法》的实施,将投资者适当性这一已经被多年实践有效的投保制度从中国证监会的部门规章提高到法律层面,为投资者适当的制度的落实提供法律武器,使之成为真正有牙齿的投资者保护制度。

(一)证券公司落实投资者适当性管理的主要目的

一方面,从证券行业自身出发,做好投资者适当性管理是适应客户需求,加强投资者教育,以便为客户提供个性化、差异化服务的有效手段。另一方面,做好投资者适当性管理可以保护证券公司免于各类纠纷缠绕,预防监管处罚风险、民事责任风险等。从市场角度看,做好投资者适当性管理有利于进一步确立和彰显“卖者有责、买者自负”的市场规则。在当下的新发展阶段,资本市场蹄疾步稳,各类金融产品日新月异,结构化金融产品复杂程度不断提升,不同领域交叉销售日趋丰富,给投资者保护工作带来巨大挑战。这时,做好投资者适当性管理是平衡各方利益、约束证券公司短期视角、增强证券公司核心竞争力,同时提升证券公司客户服务水平的一味好药,对规范公司经营,推动资本市场发展和投资者保护工作具有重要意义。

(二)证券公司落实投资者适当性的管理模式

根据《证券法》《证券期货投资者适当性管理办法》等规定,证券期货经营机构具有全面履行投资者适当性管理的责任和义务。一是要了解自己的客户,对客户进行投资者分类。二是要准确把握自身提供的金融产品及服务,对公司产品及服务划分风险等级。三是将客户风险等级与公司产品及服务风险评级进行适当性匹配,真正将符合客户适当性要求的产品及服务提供给适合的客户。四是要履行适当性告知义务,对产品及服务的风险进行全面而充分的揭示,并做好留痕工作。围绕上述要求,行业中一百多家证券公司经过三年的适当性管理实践和探索,在各有特色的基础上基本形成了"一套决策机制""一个制度体系""一组人才班底""一项标准化流程""'一揽子'培训宣传""一系列投资者教育"的"六个一"基本架构。

1. 一套决策机制

当前,证券行业经验机构普遍围绕投资者适当性管理,成立了由公司主要负责人或分管负责人牵头抓总的投资者保护领导小组或者投资者适当性管理领导小组。在一般情况下,公司合规总监和总部各部门负责人作为主要成员,负责制定全公司投资者适当性整体规划。领导小组一般会下设执行组或明确执行人员,负责公司投资者适当性管理的制度流程、系统构架、人员培训、宣传考核等工作。证券公司总部各部门、各分支机构按照领导小组和执行小组要求具体开展适当性管理落实工作,形成一套行之有效的决策机制。

2. 一套制度体系

证券公司围绕投资者适当性管理的各项要求,普遍结合自身实践建立了符合自身发展要求的投资者适当性管理体系。一般来说,首先,要制定适用全公司的《XX证券投资者适当性管理规定》,对全公司适当性管理的总体安排、流程控制、系统配置、人员架构、培训宣传、检查考核等各项机制作出明确规范。其次,是制定各业务条线的《适当性管理实施细则》,结合证券公司不同业务条线的客户分类、业务准入、工作流程等进行进一步的优化和完善。最后,将违反适当性管理的各项要求和罚则嵌入公司合规风控体系,由适当性管理牵头部门或合规部门对公司适当性管理落实情况进行考核监督。

3. 一组人才班底

证券公司落实投资者适当性管理离不开人才支持,在人才管理上,证券公司一方面指定专人在公司层面牵头适当性管理工作,另一方面在各个业务条线和不同部门配置投资者适当性管理专职人员,负责处理好本部门本条线的投资者适当性管理工作。同时,证券行业公司普遍在自身各类分支机构配备专职人员开展适当性管理工作,将投资者适当性管理嵌入公司风控合规体系,对分支机构适当性管理专职人员进行相应培训和考核。

4. 一项标准化流程

为提高投资者适当性管理的有效性，证券公司普遍围绕不同业务制定了适当性管理的标准化流程。充分运用好适当性管理评估数据库，多元化、多维度对证券公司各个业务条线、各个业务环节进行适当性管控。根据不同的业务场景，从具体的操作步骤上，指导各部门、各分支机构在业务开展过程中落实好适当性管理。同时，及时根据监管、市场及行业变化更新各项业务的操作流程，不断优化适当性管理流程。

5. “一揽子”培训宣传

由于适当性管理涉及证券公司多个部门，有关的具体规定更新变化较快，证券公司每年对总部及分支机构适当性管理人员开展现场或者非现场培训，不定期开展诸多视频培训。围绕专项业务流程变化开展专项培训，围绕典型案例开展案例培训。证券公司普遍将适当性管理培训纳入公司总体培训计划开展“一揽子”培训。

6. 一系列投资者教育

根据国务院办公厅关于加强中小投资者保护的意见以及中国证监会、沪深交易所、中国证券业协会等各项规定，做好投资者教育是证券行业工作的责任和义务。证券公司普遍按照监管机构及自律组织要求，指定专门部门负责投资者教育。由投资者教育牵头部门抓总，依托各地分支机构，通过内外部媒体、网站、“两微一端”、短视频等渠道，制作发布投教视频、图文、漫画，开展讲座座谈，多渠道、多元化开展投教宣传，引导投资者理解适当性要求，树立理性投资理念。

（三）证券公司开展适当性管理的主要流程

证券公司开展适当性管理的主要流程和重点环节在于了解客户、产品分级、适当性匹配、留痕管理、客户回访等方面。

1. 了解你的客户

证券公司做好适当性管理首先要了解客户，如实获得客户基本信息，客户基本信息的维度包括姓名、住址、职业、年龄、联系方式；财务状况；投资知识；投资经验；投资目标；风险偏好；诚信记录等。同时，证券行业公司会基于中国人民银行反洗钱要求进一步强化客户信息采集的真实性。在具体销售环节重点关注购买产品过程中客户信息的完整性，产品风险评级的有效性，客户意愿的真实性等，对风险测评已经过期的客户强制启动重新测试的流程。

2. 做好产品及服务的风险等级测评

证券公司根据实际情况充分了解自身所提供产品的流动性、到期时限、杠杆情况、结构复杂性、投资单位产品或者相关服务的最低金额、投资方向和投资范围、募集方式、发行人等相关主体的信用状况、同类产品或者服务过往业绩以及其他因素,审慎对产品或者服务做好风险等级测评,对复杂产品、交叉产品及服务,根据产品或者服务的总体情况评估其风险等级。

3. 适当性匹配

证券公司在做好产品风险等级测评的基础上对每一位投资者进行产品及服务的投资者适当性匹配。保证投资者的风险承受的能力与证券公司产品及服务风险测评等级相匹配。在适当性匹配过程中,对客户选择的投资品种、投资期限以及可承受亏损等要素进行逐一匹配,认真做好投资者适当性管理匹配工作。

4. 留痕管理

证券公司在投资者适当性管理过程中会着重做好留痕管理工作。包括录音录像和客户回访。在保证留痕管理严谨到位的基础上,证券公司会更多考虑客户的体验感和双录留痕的优化。在线视频连线,柜员机、远程双录等方式也常见于实践之中。同时,证券公司对购买产品或接受服务的客户,会抽取10%以上进行客户回访,回访的内容包括但不限于是否客户本人;是否做好适当性匹配;是否存在适当性禁止行为等。

(四)2019年《证券法》下投资者适当性管理的变化

2019年《证券法》的颁布实施,第一次从法律层面明确了适当性管理制度,明确了投资者和证券经营机构在适当性管理方面的法律责任和法律义务,对金融产品分级、投资者分类、投资者风险等级变化等规定进行了细化。如若投资者故意提供虚假不实信息,或者拒绝证券公司的适当性匹配意见,投资者的损失将“买者自负”。

二、证券公司投资者适当性管理常见问题

随着资本市场的快速发展,证券公司各项业务也在飞速发展,同时,作为市场中介机构,证券公司承担投资者保护主体责任,投资者适当性管理义务日渐加强。从目前的实际情况和监管处罚情况来看,证券行业公司的投资者适当性管理还存在很多不足之处。一方面,本文对行业共性问题进行梳理;另一方面,围绕近些年的监管处

罚案例(行政处罚、监管措施、监管关注函)对证券公司投资者适当性管理的常见具体问题进行分析。

(一)证券公司适当性管理存在的行业共性问题

一是多目标冲突之下的利益选择问题。证券公司作为经营机构为股东赚取利润是其主要经营目的。投资者适当性管理工作在证券公司现实运行中存在许多矛盾点,最突出的就是适当性管理的各项要求与证券公司追求利益最大化之间的矛盾。就目前来说,部分证券行业公司落实投资者适当性管理还是缺乏内生动力,很多时候是因为法律法规与自律监管要求而不得不为。二是风险承受能力测评流于形式,风险测评是帮助证券行业公司了解客户真实情况的重要途径。然而在现实中,证券公司对投资者的风险测评常常流于形式,客户在填写风险测评或者调查问卷的过程中,出于不愿透露更多信息等各类主观原因,不实事求是填写自身客观情况,部分投资者还会虚假填报,进而获得更高的风险等级评定,使证券公司不能真正了解投资者的风险承受能力。三是对产品风险等级界定偏于宽松,证券公司为了更好更多地销售产品,普遍将自身产品和服务的风险等级界定过于宽松,便于销售给更多的投资者。四是适当性管理涉及证券公司多个部门,常常跨越多个分管领导,在牵头抓总及协调配合过程中存在盲点和困难。

(二)证券公司适当性管理存在的具体问题

据统计,自中国证监会《证券期货投资者适当管理办法》2017 年正式颁布实施以来,证券公司涉及适当性管理的各类行政处罚和行政监管措施近 50 起,结合部分地方证监局出具的监管关注函,本文梳理出证券公司适当性管理的常见的 10 类具体问题。

1. 适当性管理制度健全问题

证券公司投资者适当性相关配套制度细则未根据公司总体适当性制度进行及时修订,存在相抵触之处;证券公司投资者适当性内部制度未能将外部监管要求全部纳入,存在内部制度比外部制度宽松的情况;证券公司高风险产品销售缺乏制度规定,未包含全部高风险产品及服务。

2. 未充分了解客户的基本信息

证券公司客户档案基础信息填写不完整、不规范,客户职业、学历、地址信息填写错误;客户档案缺少签字或者不同客户的签字高度一致;证券公司投资者风险承受能力调查问卷填写的学历、投资经验等内容与实际不符;客户开立账户时风险测评结果与同日购买资管计划的风险测评结果不符;证券公司未对高龄客户职业信息填写异常进行核实;同一客户同日填写的两份信息登记材料内容不一致等。

3. 未落实账户实名制要求

证券公司未落实账户实名制要求;在明显怀疑客户非本人时,未进一步进行身份验证,开展业务介绍或主动推介,未拒绝向客户销售产品;证券公司在明知客户非本人操作账户时,未进行风险提示。

4. 客户风险测评存在问题

证券公司在客户未进行风险测评的情况下销售产品或者提供服务;客户风险测评问卷存在修改痕迹或未填写完整;证券公司工作人员向客户提供风险测评答案、诱导客户做高风险测评等级、代客户填写风险测评问卷;证券公司为便于展业明确提示客户重新做风险测评问卷。

5. 适当性匹配存在问题

证券公司在客户未签署“适当性匹配确认书”的情况下销售产品或者提供服务;客户适当性匹配材料填写不完整。

6. 存在不适当销售行为

证券公司向不符合准入要求的投资者销售产品或者提供服务;证券公司主动向客户推介超过其自身承受能力的高风险产品;证券公司员工在推介代销金融产品过程中未审慎评估客户购买产品的适当性;证券公司向不特定投资者推介私募基金产品。

7. 未充分揭示风险

证券公司在客户未签署风险揭示书的情况下销售产品或者提供服务;证券公司工作人员向客户推荐金融产品时片面强调产品收益,未充分揭示风险。

8. 投资者适当性后续评估存在问题

证券公司投资者评估数据库功能未有效发挥,客户风险等级变化导致适当性不匹配情况下无后续跟踪处理,适当性不匹配未实现实时告知;未对专业投资者、债券合规投资者开展后续资格评估。

9. 未保留履行适当性义务的证明材料

证券公司在业务开展过程中未保存投资者风险揭示书、对风险识别能力和风险承担能力进行评估等履行适当性义务的证明材料。

10. 客户回访存在问题

证券公司客户适当性回访话术不一致，客户回访发现适当性异常未进行有效处理；未界定投资者适当性客户回访异常标准，客户适当性回访流于形式。

三、境外资本市场投资者适当性管理实践

(一)美国市场投资者适当性基本情况

投资者适当性制度的理论基础首先见于美国。美国资本市场在监管和司法实践强调"卖者有责"为目的。因此，美国萌发了有关投资者适当性管理的信义义务理论。所谓信义义务，是指在金融机构为客户提供金融产品获得服务过程中，要求金融机构与其客户产生信赖关系。这种信义义务需要在双方都同意的基础上，客户将其自身财产交给公司管理，客户保留收益权的信义关系。投资者适当性义务是这种信义义务的主要内容，既然客户对金融公司产生了信赖，金融公司就应当依据投资者适当性义务向其推荐合适的金融产品。基于证券市场实践，美国将投资者分为专业投资者与普通投资者两类，对专业投资者规定了经营机构适当性义务豁免情形，如果专业投资者自身具有判断风险和决策的能力则经营机构的适当性义务即可免除。

(二)欧盟市场投资者适当性基本情况

《欧盟金融工具市场指令》是目前整个欧洲金融市场最重要的法令。《欧盟金融工具市场指令》规定欧盟成员国所有在其境内开展金融服务的投资机构，都需要遵循投资者适当性义务。《欧盟金融工具市场指令》将投资者分为专业客户和零售客户，专业客户里又有专业能力更强的合格对手方。金融机构针对不同类型的客户采取不同的适当性管控措施。零售投资者将获得相对于专业投资者和合格对手方更为优化的投资者保护措施。投资者的分类并非一直固定，零售客户可以在符合一定的条件下成为专业投资者，在这个过程中，投资者要以书面形式确认自己可能承担的损失和后果。在投资者分类方面，我国适当性管理制度与欧盟的要求有很多相似之处。

(三)日本市场投资者适当性基本情况

日本《金融商品交易法》规定了适当性管理制度大的原则。日本金融机构进行金融产品及服务交易，应当参照投资者的知识、经验、财产状况及签订金融商品交易合同的目的，不得进行损害或有可能损害投资者保护的不恰当劝诱行为。日本《金融商品销售法》规定，金融销售业者应采取必要措施以确保恰当地进行金融商品销售，以

保护客户的权益;要求金融机构承担对投资者"善尽说明"(风险揭示)的义务,在签订合同前必须严格履行书面说明义务和风险提示义务,如果金融机构未尽此义务而致投资者遭受损失的,投资者可对其请求损害赔偿。

(四)中国香港特别行政区市场投资者适当性基本情况

香港证监会发布了著名的《持牌人或注册人操守准则》,其规定证券行业持牌人履行适当性义务应当遵守的义务:一是客户最佳利益原则,即金融机构在向投资者提供服务或推荐其他机构服务客户时,应以投资者收益的最大化为目的;二是了解你的客户,即金融机构采用一切合理的方式,了解投资者的身份、财务状况、投资经验及目标;三是投资者适当性原则,即金融机构在向投资者推荐产品或者服务时,应对公司自身产品进行尽职调查,确保作出的建议适合投资者。

四、关于进一步强化证券公司投资者适当性管理的建议

(一)着力解决行业投资者适当性管理的共性问题

根据上文中总结出我国证券公司投资者适当性管理的共性问题,参考国内外经验,得出的结论是,证券公司必须从市场发展和行业高度真正认识到投资者适当性管理的重要性,切实负担落实投资者适当性管理的主体责任,持续提升投资者服务理念,创新投资者服务方式,重视投资者权益救济。因此,证券公司应当统一思想,不断增强内生动力,明确投资者适当性这一保护投资者的"第一道防线",不断建立健全证券行业公司投资者适当性管理制度流程和考核评级,动态关注客户风险等级变化,真正建立以客户为中心的发展模式。

(二)下大力气解决适当性管理具体问题

证券公司投资者适当管理的具体问题分布于开户、交易、服务及营销等各项具体业务之中,需要从多个角度下大力气逐一解决。

1. 充分运用大数据手段做好适当性匹配

在客户信息识别和更新环节,证券公司可以积极应用大数据等手段对投资者进行综合分析,对自身客户的基础信息、财务状况、风险偏好等进行有效评估,准确把握投资者风险承受能力。先对客户的真实信息及客观财务实力进行分析,后对其主观风险偏好进行分析,进而对客户风险承受能力进行总体评价。客户的风险承受能力并非不变,而是不断处于变化之中,因此要定期进行调整,甚至重新测评。要建立智

能评估数据库，将客户各类信息纳入智能评估数据库系统，减少人工干预。通过各类智能化手段充分营造“买者自负、卖者有责”的投资氛围。

2. 实事求是做好产品风险等级评估

证券公司要做好投资者适当性管理，就必须实事求是地对自身提供的产品和服务做好风险等级评估。在对产品和服务进行深入了解的基础上对其所承担的风险大小进行评估与预测。建立一套相对完善的金融产品风险评估体系对证券公司来说意义重大，可以使公司对自身产品服务的了解更加深入，也可以进一步强化证券公司产品和服务的附加值。

3. 切实做好适当性匹配工作

证券公司做好适当性匹配工作，要以了解客户情况和自身产品服务风险情况为前提，否则二者的适配就无从谈起。证券公司做好适当性匹配工作的目的，在于真正使自身客户免于购买高于其风险承受能力的产品或服务，为客户拓展足够的空间来选择适合自己的产品及服务。证券公司需要不断强化对于各类风险的辨识程度，真正了解认识自己的客户，并为客户选择真正适合其投资者目的的产品及服务，进而提升公司的客户服务水平。在此过程中，应当把握三点规则：一是投资者适当性管理必须以客户风险承受能力为衡量标准。二是动态了解客户投资风险，发现问题及时处理。三是在为特定客户或者高龄客户服务过程中，风险提示应当突出并清晰易懂。

4. 全面及时做好产品及服务信息披露

证券公司在销售产品或者提供服务过程中，应当全面及时做好产品及服务的信息披露，便于投资者更好理解产品及服务信息，有效降低工作人员不当销售的风险。具体来讲，在客户风险承受能力或者风险等级变化时，须尽快告知客户，并采取相应的风险控制措施。

5. 切实做好投资者适当性后续跟踪管理

证券公司许多产品或者服务的适当性管理并不是一次完成，而是一个持续的过程，中间发生的许多变化都可以导致投资者风险承受能力预期持有的产品或者服务不匹配，证券公司应当密切公司内部各部门的协调配合，由牵头部门统一负责跨部门的适当性跟踪管理并及时督导反馈。善于利用各类风险预警系统，用好并用足现有的适当性管理评估数据库，及时告知客户风险等级调整信息，并做好相应后续管理工作。

6. 持续加强投资者教育工作

随着资本市场全面深化改革的深入,投资者教育工作任重道远、使命光荣。做好投资者教育宣传是做好投资者适当性管理的重要内容。证券公司应当通过多种渠道、方式向投资者普及宣传交易规则、适当性基础知识;在日常服务过程中,向投资者介绍产品或者服务过程中要充分揭示相关风险,帮助投资者树立理性投资、长期投资、价值理念。

创新投教基地形式,打造新媒体共享平台

——芒果新媒体投教基地发展思路

刘丹岳*

摘　要:本文从资本市场人民性要求和保护投资者合法权益的理念出发,基于"资本市场法治建设"与"投资者教育体系建设"背景,从全国投教基地发展现状着手,基于投资者、投教工作者、投教体系和投教资源四个方面分析了当前投教基地建设存在的困境,探讨了投教基地未来发展方向。在此基础上,着眼于芒果新媒体创新发展思路,基于芒果新媒体投教基地"年轻+女性"的定位,分析了其自成立以来的发展现状,从媒体优势、流量优势、组织实施优势、专业优势等方面探讨了芒果新媒体投教基地的运营优势,提出了求变求新、千人千面、全民投教、金融联动的发展展望,以期为未来投教基地转型升级提供发展思路。

关键词:投教基地　新媒体投教　投资者保护　投资者教育　投教共享

一、投教基地建设的背景与意义

(一)"资本市场法治建设"与"投资者教育体系建设"双管齐下

1.资本市场法治建设全面深化

随着2019年修订的《证券法》落地、普及,一个规范、透明、开放、有活力、有韧性的资本市场已然呈现在我们面前。作为证券领域的基本法,2019年《证券法》一经推出,立即引发社会各界广泛关注,其在加强投资者权益保护方面作出了系统性的完善,对我国资本市场平稳发展产生深远影响。作为维护资本市场平稳运行的基本法

---

* 湖南省证券业协会常务副会长兼秘书长。

则,2019 年《证券法》为证券市场全面深化改革落实落地,提高上市公司质量、保护投资者权益等,提供了坚强的法治保障。①

2. 投资者教育体系建设逐步健全

当前金融市场新产品、新模式不断涌现,广大投资者应当对市场时刻保持警惕,截至目前,我国资本市场投资者数量达 1.9 亿人,中小投资者占比 97%。基于这样一种投资者结构,监管部门高度重视做好中小投资者合法权益保护工作。"加强投资者教育"被监管部门视作一个重要且基础的环节,希望通过建设让投资者看得见、摸得着、能参与的证券期货投资者教育基地,从而让投资者方便接受教育和服务。②

(二)"知识宣传""风险揭示""投资者保护"三位一体相联动

投教基地通过开展多样化的投资者教育活动,投放投教产品,提供投资者咨询服务,运用体验式、互动式等手段与投资者进行互动交流,帮助广大投资者获取证券期货知识,识别风险和防范风险,知悉其权利与义务,树立科学理性的投资理念(见图 1)。

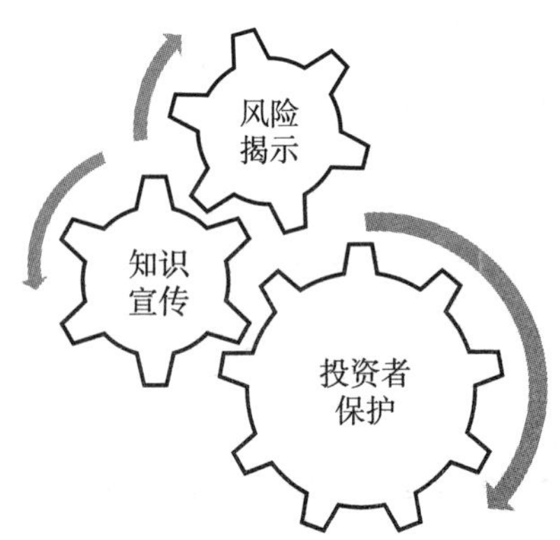

图 1 "知识宣传""风险揭示""投资者保护"三位一体联动发展

投教基地的建立为监管部门、资本市场、投资者提供连接桥梁,成为发挥金融知识宣传、投资风险揭示、投资者权益保护三大功能不可或缺的重要载体,肩负着为中国资本市场健康发展、为广大中小投资者保驾护航的重要使命。

1. 开展投资者教育,是保护投资者利益的有效方法

证券市场是具有高风险的市场,只有通过向投资者进行最全面、最充分的市场机

① 蔡伟等:《新〈证券法〉投资者保护机制实施的"中国问题"》,载《地方立法研究》2021 年第 6 期。

② 阎庆民:《切实净化市场生态推动资本市场投资者保护工作再上新台阶》,载《中国信用》2021 年第 7 期。

会与风险揭示，充分认识不同产品和业务的风险特征，树立起正确的价值投资理念，使投资者能够正确了解市场，理解市场，把握住投资机会，增强自我保护的能力，真正明白“投资有风险，入市须谨慎”的警示。

2. 开展投资者教育，是提高投资信心的力量源泉

证券投资市场是一个高度复杂的系统工程，特别是近年来，我国证券市场的制度和市场形态以及投资工具在不断增加和完善，使投资者现有的知识储备和知识结构面临重大挑战。只有素质和能力提高了、进步了，才能使我们更加坚定投资股市的信心，才能适应市场的发展变化，在市场中占有自己的一席之地。

3. 开展投资者教育，是维护证券市场健康发展的必要手段

投资者是证券市场发展的根本力量和源头之水，是重要的市场参与主体，是构成证券市场赖以生存和发展的核心基础。证券市场应建立一支业务素质高、相对稳定、风险意识强的投资者队伍，才能防范和化解投资风险，在一定程度上减少大幅波动，消除不安定因素，助力证券市场的健康发展。

4. 开展投资者教育，是规范投资行为的基本保证

通过促进证券市场的规范化法治化教育，可以有效提高投资者的法律意识和法治观念，对个人、法人、上市公司、证券机构等，都将会起到强有力的自我约束作用，各个投资主体，都将在一定程度上，更加谨慎对待投资行为，自觉遵守各项法律法规和市场规则，促进证券市场进一步规范化和法治化。①

二、投教基地的发展现状

（一）发展状况

投教基地，是指面向公众的开放性、公益性、综合性的金融创新文化展示平台，具有证券期货知识普及、风险提示、信息服务等投资者教育服务功能，旨在为公众呈现丰富的金融知识，加强与公众的互动沟通，帮助公众树立理性投资理念。截至 2021 年 8 月，中国证监会共有四批 71 家国家级投教基地获正式授牌，此外，全国各地省级投教基地又如雨后春笋般涌现（见图 2）。

---

① 中国证券业协会：《构建以投教基地为中心的智慧化投教服务体系》，载《中国证券业 2018 年论文集》（下册），2019 年 8 月。

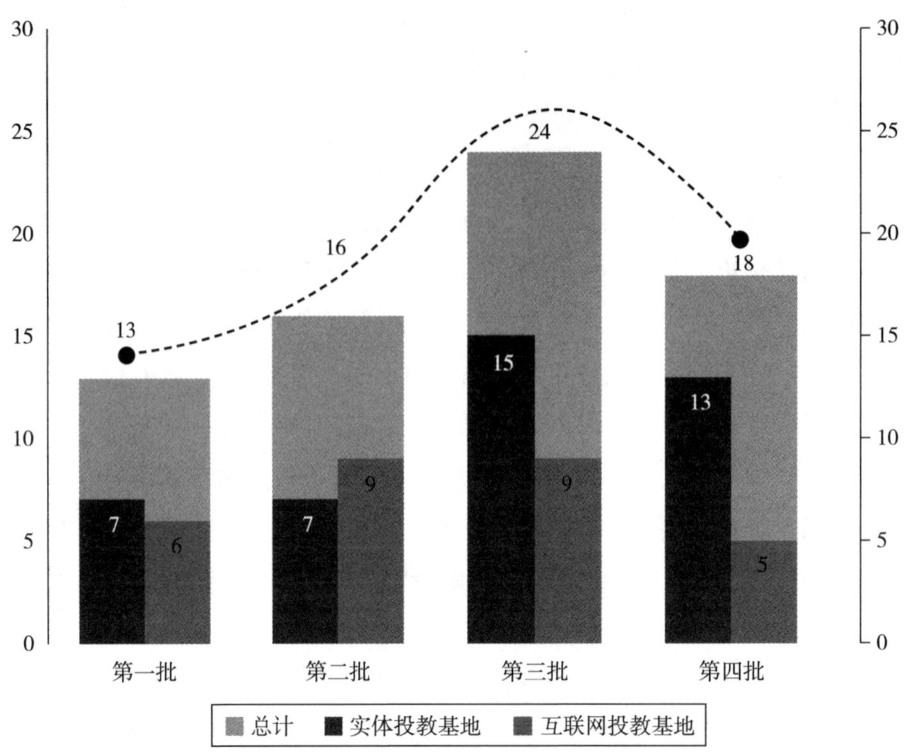

图 2 国家级投教基地建设情况分布

1. 全方位的投资者教育体系日趋完善与稳健

调查表明,2020 年金融机构投教基地的知悉度和参与度分别为 85% 和 30%,成为投教工作的主力军,是投教工作不可或缺的中坚力量。① 借力互联网浪潮的机会,媒体在投教工作中的知悉度和参与度迅速上涨,2020 年分别为 83% 和 24%,成为仅次于各类金融机构的后起之秀。对于各监管机构以及证券期货自律组织,投资者教育知悉度和参与度分别为 80% 和 18%。高等院校和基础教育单位也是我国投教主体的重要组成部分,知悉度均超过了 70%,参与度为 20% 左右(见图 3)。

① 中国证券业协会:《2019 年证券公司投资者保护工作发展综述》,载中国证券业协会:《中国证券业发展报告 2020》,中国财政经济出版社 2020 年版。

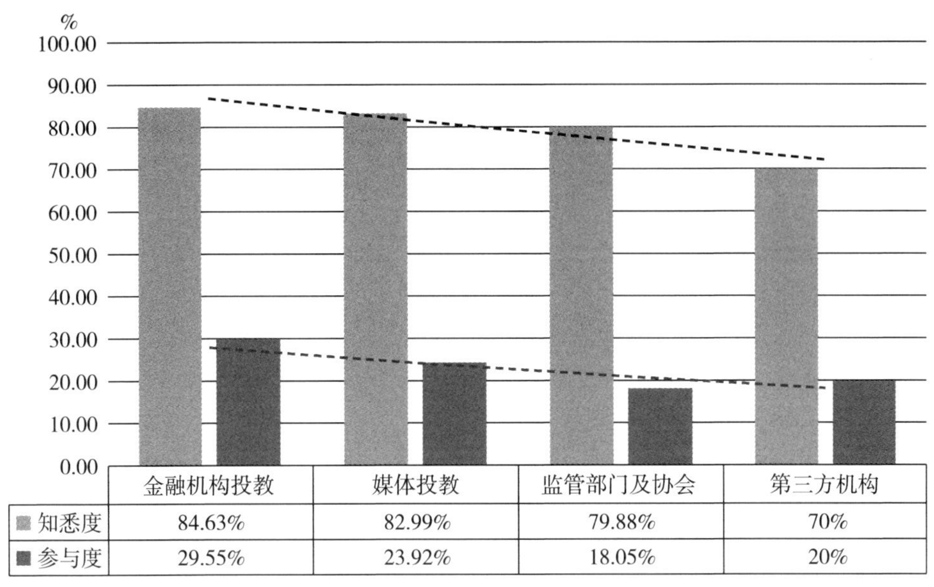

图 3　各类投教基地知悉度和参与度情况

2. 投资者教育基地“前线阵地”作用显现

我国投教基地“前线阵地”作用进一步凸显,“经常”通过投资者教育基地开展活动的金融机构比例由 2019 年的 60% 增加到 2020 年的 66%;投资者“从未”使用过投资者教育基地的比例,2019 年为 13.69%,而 2020 年为 11.6%;“偶尔”使用投资者教育基地的比例,2019 年为 23.49%,2020 年为 39.87%。

其中,经常参与投教基地的投资者中,近半数投资者参与各类相关学习的资金投入占其收入的 5% ~15%,有 11.61% 的投资者在投教学习上的资金投入超过其收入的 15%。在时间投入方面,53% 的投资者每周投入的学习时间在 2 小时以内,还有 13% 的投资者每周投入的时间超过 5 小时(见图 4)。可见,投教基地逐步成为投资者培育的成长性土壤。

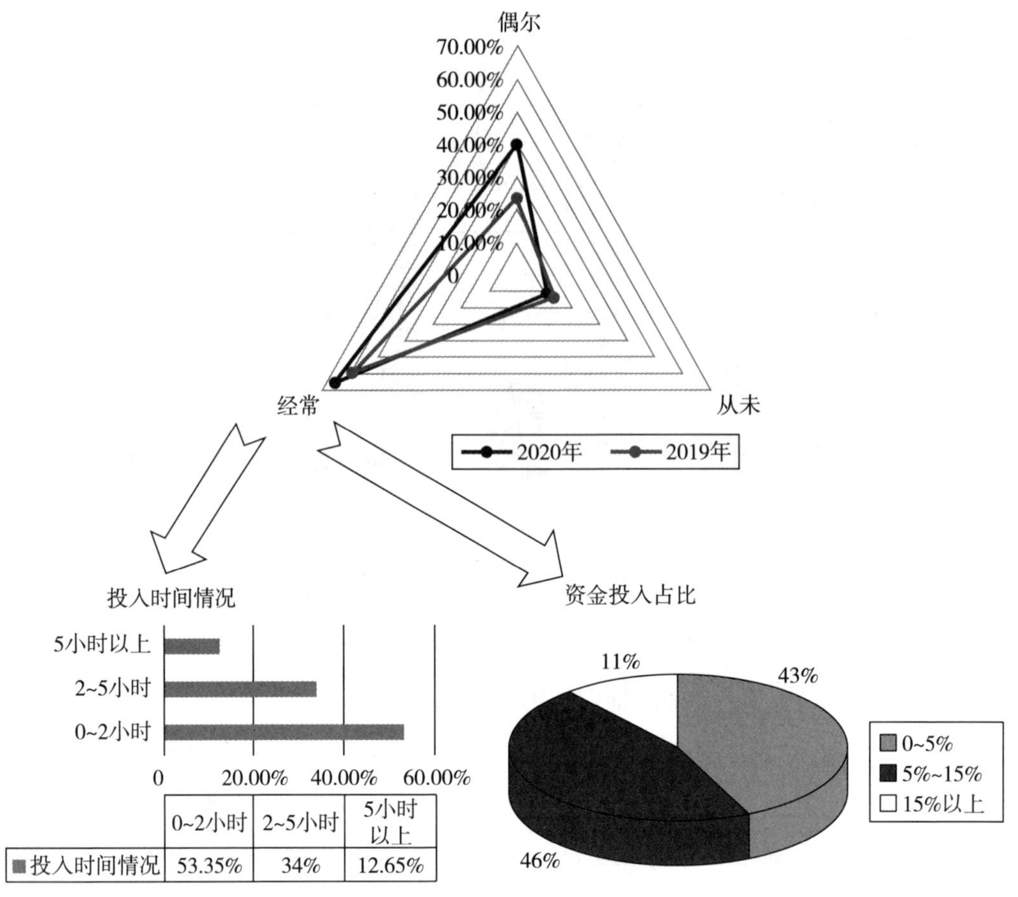

图4　2019~2020年投资者参与投教基地情况

(二)面临“瓶颈”

1. 投资者投教学习意识有待提高

截至目前,我国证券市场投资者数量达1.9亿人,其中97%约为中小投资者。中小投资者缺乏相关证券专业知识的认知与了解,风险意识匮乏,往往导致大量非理性行为的出现,影响了证券市场的稳定和持续发展。由于中国投资者结构的特殊性,大部分投资者缺乏主动进入投教基地学习知识的意识,如何吸引更多投资者主动进来投教基地,成为多家投教基地面临的难题。

2. 投教工作者的积极性不足

调查结果表明,投教工作者的参与积极性较为一般,仅有38%的工作者将投教工作视为公司发展需要,19%的工作者把迎合投资者的需求作为开展投教活动的目的,43%的投教工作者认为积极性源于合规的强制性要求(见图5)。

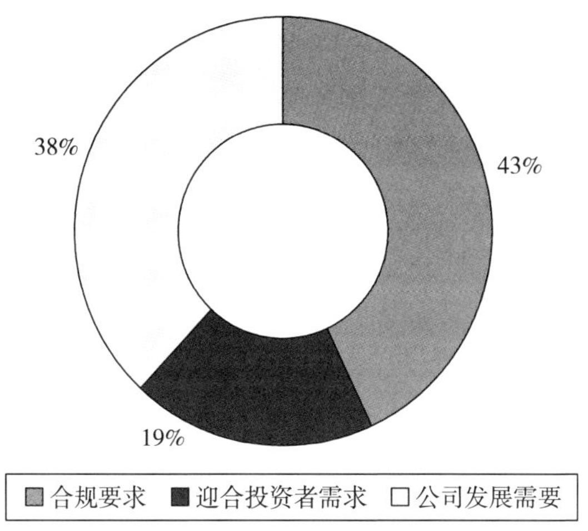

图5　投教工作者参与积极性来源

资料来源:《中国投资者教育报告(2020)》。

3. 投资者金融教育需求与教育投放错位

目前投教工作的具体执行与投资者需求存在不匹配的现象。虽然投教工作双方都认为"教育晦涩难懂、难以理解"是投教工作面临的首要问题。但投资者更关注投教内容,而投教工作者更关注教育形式。

投资者教育是一项长期且见效较慢的工作,投教工作者通常将"规律性地长期开展投资者教育工作"作为其施教准则。但从执行情况来看,投资者并未感受到受教育的连贯和持续性,其受教的时机主要集中于"开户前"、"机构推出新产品或新政策推行时"以及"购买产品和交易时"。

(三)发展展望

一是鼓励投教基地切实开展投教工作,丰富投教活动形式。一方面,规范互联网投教基地的发展,发挥其线上全方位投教工作的优势,运用大数据、智能画像等科技手段深入了解投资者,对投资者提供"千人千面"的投教服务。另一方面,鼓励实体投教基地,拓展实体投教基地的人群覆盖面和业务范围,如通过线上线下倡导实体投教基地延长交易日开放时间或增加周末开放时间等。

二是建立健全投资者教育评估机制,落实投教工作实效。监管部门对投资者教育工作纳入检查考核,第三方机构应该协助监管部门,运用科学的测评手段对证券经营机构进行定期测评。将日常监管与投资者教育工作效果评价体系相结合,有效地解决投资者教育工作难以评价、难以落实的问题。

三是扩大投教工作覆盖区域,推动更多地区的投教工作稳健发展。鼓励中西部欠发达地区申请投资者教育基地,推动加强中西部职业教育和高等教育中投资者教育课程的安排。①

三、芒果新媒体投教基地概述

(一)基地简介——首个移动端“掌上”投教平台

2020 年 8 月 10 日,由芒果超媒与湖南省证券业协会联合共建的芒果新媒体投教基地(以下简称基地)正式揭牌。同日,芒果 TV 投教频道同步上线,成为全国首个移动端“掌上”投教平台。基地以其专业的投资课程、速达的行业资讯、权威的行业政策解读逐渐成为广受欢迎的投资者学习和了解资本市场知识的移动平台。

(二)党建引领——展现“红色青春”风采

在投教频道建设上,基地通过全屏覆盖、全端共振,置顶飘红,搭建“学习时刻”专题,对习近平总书记的重要活动、重要讲话精神视频报道进行集中展示和宣传,向广大青年投资者进行党建宣传。

投教频道秉承党媒责任,切实做大做强主流舆论。引入主流党建节目,搭建“红色青春·青少年爱国主义教育”专栏,专题推荐如《百炼成钢——党史上的今天》《中国》《我的青春在丝路》等主旋律纪录片,让“正能量”具有“大声量”。同时,搭建行业新闻资讯专栏,及时传播报道党中央、国务院、中国证监会等国家政府部门、监管机构对资本市场的新政制度、改革措施、会议精神。

(三)精准定位——打造年轻人的投教基地

芒果 TV 用户群体中以年轻用户居多,占比超过 80%,如何适应新时代年轻投资者实际需求,制作年轻投资者关心、关注的投教作品,打造属于年轻人自己的投教基地,成为基地内容制作的重要目标。芒果 TV 投教频道主打“天生青春”的口号,专注青年圈层,24 岁以下用户达到 65%,与目前资本市场投资者年轻化趋势相吻合(见图 6)。

---

① 江西证监局机构处:《统筹协调多方协作不断开创投资者教育与保护工作新局面——江西辖区投资者教育保护工作实践》,载郭文英主编:《投资者》第 11 辑,法律出版社 2020 年版。

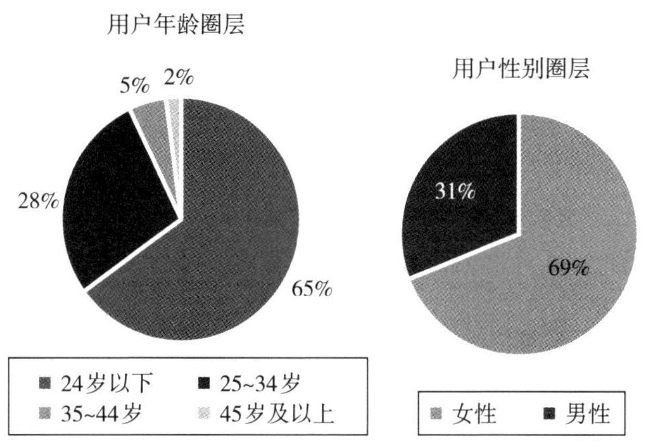

图6　芒果新媒体投教基地用户年龄及性别圈层

另外，芒果TV女性用户占比达69%，随着“她力量”的崛起，女性投资人已经成为中国创投行业中一股不可忽视的力量。陆金所数据显示，在理财行为上，2020年其平台女性活跃投资者占比约为54%，明显高于男性的46%；从平均持有资产看，女性活跃用户持有的资产较男性多出59.4%，因此对女性用户普及证券知识，培育理性投资理念十分重要（见图7）。

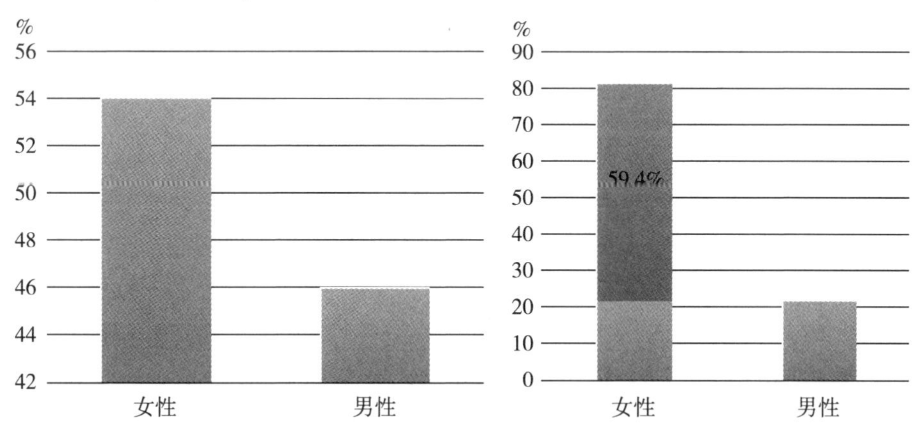

图7　陆金所平台活跃用户性别圈层及资产持有占比

资料来源：陆金所。

针对“年轻”及“女性”两大用户标签，基地一方面顺应年轻用户看“视频”习惯的转变，根据投资者随时随地学习的特点，提升“碎片”时间利用率，推出多档短小精悍、通俗易懂的短视频课程。其中，投资养成类对话栏目《投头是道》主打投资“小白”对话“行业大咖”，六期节目，六大话题，由浅入深，上线当日观看用户即突破300万人次。

另外，基地以独立女性群像为创作主题，深耕“她文化”，根据年轻女性观众的喜爱偏好，打造“她系列”投教作品。其中，推出的全国首档“她主题”金融代际观察节目《财华少女》,在投教作品中增添综艺、音乐、野餐等元素,吸引女性投资者目光。

四、芒果新媒体投教基地发展现状与优势

(一)发展现状

芒果新媒体投教基地作为全国首创的第一家移动端投资者教育基地,融合了视频播放平台的宣传优势和行业协会的内容优势,填补了辖区互联网投教基地的空白,扩大了投资者教育的覆盖面和影响力,助推投教工作向纵深发展。

截至2021年5月底,芒果TV投教频道信息量高达560G,平均每月更新信息12%。基地累计投放投教作品198种,平均每月新增15种,平均每月更新宣传信息18篇,线上(大小屏)访问量近4000万人次。基地平均每月参与调查投资者约800人,投资者满意度达97.34%。

(二)运营优势

1.媒体优势

芒果超媒作为国有新型主流媒体、湖南省上市公司,是媒体湘军的重要成员之一,以互联网视频平台运营为核心,重点打造新媒体全产业链,旗下芒果TV位列全国新媒体平台前三,网络覆盖面和影响力巨大,主打“天生青春”特色,是最受青年群体喜爱的新媒体。

2.流量优势

截至2020年年末,芒果超媒的主平台芒果TV有效会员数达3613万人,较2019年年末增长96.68%,芒果TV日人均使用时长已达76.6分钟,月活跃用户(Monthly Active User,MAU)突破2.11亿人次。芒果TV的IPTV、OTT业务覆盖31个省,覆盖用户规模1.48亿人,通过芒果TV引流,能够覆盖更多的投资者。①

3.组织实施优势

湖南省证券业协会在湖南证监局的指导下,与湖南大学、中南大学、中南林业科技大学、长沙理工大学等高校合作,长期开展校园投资者教育活动;与市区及市州地方金融服务中心建立了投教合作关系;与战略合作方红网合作开设了“投教大讲堂”和“投资红课堂”,红网网站、“时刻”新闻客户端、手机报、千余块楼宇小屏等(拥有新

① 《芒果超媒股份有限公司发布了2020年年度报告》,载DVBCN 2021年4月,http://www.dvbcn.com/p/122600.html。

媒体用户数共 5575 万人)都可以作为投教基地开展相关宣传活动的补充平台,充分体现了芒果新媒体投教基地的组织实施优势。

4. 专业优势

芒果新媒体投教基地在芒果 TV 月活数过亿的年轻用户基本盘上,与湖南省证券业协会实现强强联合,充分运用协会专家的专业知识和行业号召力,在财经视听内容制作的专家讲师邀请、内容审核把关、行业活动组织策划等方面,实现专业资源的快速集聚、高效整合。芒果新媒体投教出品内容,以寓教于乐的形式,达到"既大众又专业,既严肃又活泼"的传播效果。

五、芒果新媒体投教基地创新发展思路

(一)发挥新媒体与传统媒体高度融合优势,建立全方位宣传矩阵

1. 充分发挥湖南广电全媒体宣传效应

芒果超媒是湖南广电旗下统一的新媒体产业及资本运营平台,是湖南广电贯彻中央关于媒体融合发展战略、打造主流媒体集团的重要平台。作为媒体湘军的重要成员之一,芒果超媒与湖南卫视一起,在湖南电视台内部共同构成"一体两翼双轮驱动"的全媒体融合发展格局(见图 8)。[①]

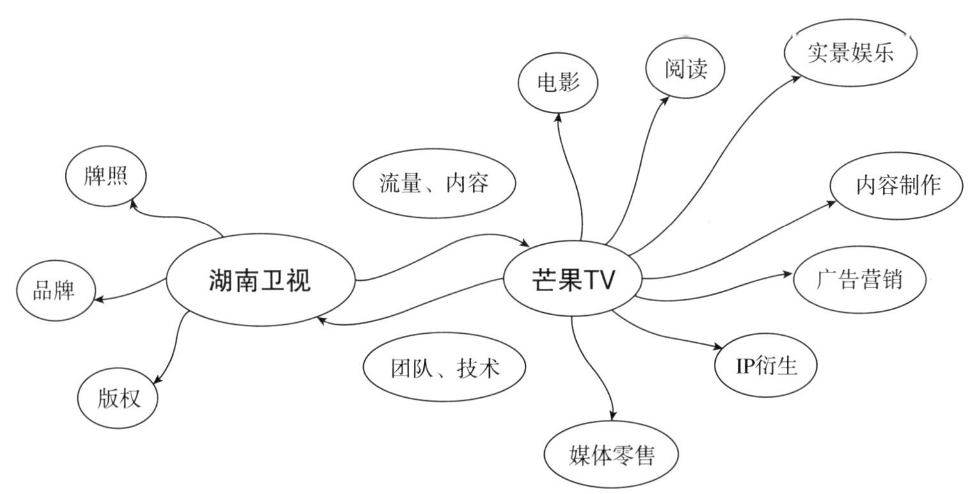

图 8 "一体两翼双轮驱动"的全媒体融合发展格局

① 张子豪:《芒果超媒:湖南广电媒体融合发展的范式》,载《传媒》2021 年第 6 期。

芒果新媒体投教基地除了做足“小屏——移动端App”的文章外,还搭乘“媒体融合、一云多屏”的东风,重点打造新媒体全矩阵传播链条,借力湖南电视台台网融合的“大屏”优势,充分联动湖南卫视、湖南都市、湖南经视等卫视、地面频道及电台媒体资源,发挥大小屏互动特色,通过媒体矩阵传播,对相关活动进行采访报道,广泛触达用户群体,形成“海陆空”的投教舆论声量。芒果TV投教频道自2020年8月10日上线以来,线上访问量超4000万人次(日均超14万人次)(见图9)。①

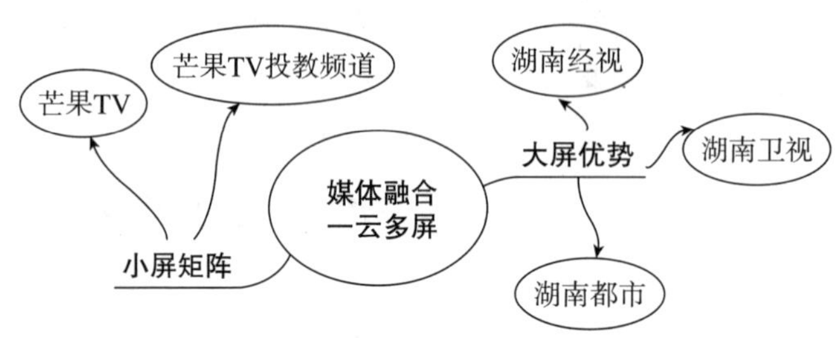

图9 “媒体融合、一云多屏”宣传矩阵

2.“线上+线下”多维场景宣传联动发展

除了致力于线上内容的推陈出新,打造芒果投教基地线下互动展馆,全天候滚动播放基地投教作品,并且举办“马栏山投教健康跑”、打击股市“黑嘴”户外宣传、“3·15”防非宣传、“投教5·20”告白音乐节、“股东来了”等线下活动。截至2021年7月底,基地线下活动参与人数达近8万人次。

(二)秉持“原创+自制”理念,打造投教资源集中展播平台

芒果超媒一直以来秉承内容为王的制作理念,不断培育、挖掘内容制作团队,夯实互联网视频业务,在视频制作上独具优势。依托公司强大的内容基因优势,投教基地根据用户标签、财经热点、社会焦点,动态性调整、持续化输出各类投教自制节目。如结合“3·15”国际消费者权益日、“5·15”全国投资者保护宣传日等活动,邀请证券行业大咖就“科创板”“宏观经济形势”“投资理财新主线”等主流话题与用户进行交流,利用长短视频结合、UGC+PUGC穿插、直播弹幕交互等手段,从看视频到玩视频,不断丰富投教内容呈现方式。截至2021年5月底,芒果新媒体投教基地累计投放投教作品198种,其中基地原创投教作品145种,原创占比高达73%。

① 周瀚石:《从芒果TV看广电媒体融合发展的关联因素》,载《传媒》2021年第11期。

(三)建立健全投教资源共享机制,搭建全行业投教共享平台

1. 作品共享

近年来,随着金融机构不断加大投资者教育事业,投教产品也迎来了蓬勃发展的新时期,从传统的宣传折页到宣传视频、再到投教直播课,投教作品形式不断创新;从社区宣传到投教微动漫、投教小游戏,投教活动形式也不断“玩”出新花样。与此同时,投教作品越来越同质化的现象却不容忽视。如2019年《证券法》实施前期,各大证券经营机构纷纷制作《证券法》相关内容的投教作品,虽呈现形式有所不同,但是作品的内容却高度同质化。

芒果新媒体投资者教育基地成立之初,即与上海证券交易所、深圳证券交易所以及全国30余家投资者教育基地建立作品共享机制,精心挑选各基地优质投教作品,根据投教作品内容、种类等方式进行分类,实现行业作品共享,避免了重复制作,在完善基地作品内容的同时,控制了基地作品制作成本,降低了同行业广告宣传等费用支出。2021年5月,共享作品占平台上线节目比例超过30%,实现全国优质投教资源的强势引流。

2. 作品共创

芒果新媒体投资者教育基地依托芒果TV的强大制作团队力量,在投教产品制作上具有天然优势。一是贴近投资者实际需求,制作的投教产品深受年轻人喜爱,特别是女性受众喜爱。二是基地依托芒果TV和湖南省证券业协会两方面的专业力量制作投教作品,实现优势互补。2021年,芒果新媒体投教基地与方正证券、湘财证券、华泰证券、中信建投证券、兴业证券、长沙银行、瀚俊成律师事务所等机构建立作品共创机制,取各家之长,强强联合。在这一机制下,基地推出《投头是道》《证券案例小课堂》等栏目,深入浅出地向广大投资者解答投资理财常见问题,并有专业的律师团队为投资者解读证券纠纷,帮助广大投资者理性维权。

3. 活动共办

2020年,基地联合辖区9家投教基地共同举办了“股市黑嘴”“非法荐股”“场外配资”等多场户外投资者教育宣传活动,无论是在活动规模还是活动效果上都达到了新高度。2021年,基地联合方正证券投教基地、长沙银行投教基地举办“投教5·20”告白音乐节活动,全新的投教形式,吸引了更多年轻人的参与。湖南卫视对相关活动进行了报道。

目前,基地已与省内十家投教基地建立了活动共办机制,未来,基地将联合更多

投教基地开展独具特色的投教活动。例如:基地规划的投教之星选拔大赛,将联合全国各地高校、各地投教基地,通过真人秀选秀形式,选拔出未来的投教之星。

4. 平台展示

一是直播平台。直播平台的收费一般都不低,特别是有流量的直播平台,收费则更高。基地成立后,为行业提供了一个直播的共享平台,各机构面向非特定投资者的投教宣传讲座、讲堂、活动等,均可通过基地投教频道进行免费直播。直播平台的共享,极大地降低了投教直播的成本,同时,可以实现流量互补,吸引芒果自有流量关注主播频道内容的同时,也将现有投资者引入基地。目前,由于专业媒体直播相关要求,基地仅与方正证券、上海证券交易所、兴业证券等机构开展了合作。未来,基地将进一步完善直播共享流程,与更多机构开展合作。

二是媒体展示平台。目前,证券行业并没有一个完整的投教作品展示平台,基地成立之初,即秉承搭建优秀视频投教作品展示平台的理念,希望能够为投教作品搭建一个媒体展示平台。但受制于国家级投教基地 30% 原创作品的限制,基地只能优中选优,首选与芒果调性相符合的作品在平台展示,未来,基地希望能够打造一个优秀视频投教作品展示平台,汇集所有行业优质视频投教作品,集中在芒果 TV 投教频道展示,让投资者能够通过投教频道,看到更多的优秀投教作品,也为优秀投教作品走入社会大众视野提供渠道。

六、芒果新媒体投教基地发展展望

(一)快速反应,求变求新

当前处于互联网时代,信息热点瞬息万变。作为移动端 App“掌上”投教平台的首创者,芒果新媒体投教基地将充分放大新媒体敏锐、灵活、及时、高效的属性特征,对当前财经热点、行业政策焦点进行跟踪、更新,因时、因势对芒果 TV 投教频道的专栏、板块进行切换调整。

(二)用户画像,千人千面

相对于传统平台的用户反馈滞后,移动端 App 最大的优势是可以利用大数据等技术支撑,针对用户画像进行内容推荐实时调整。依托芒果 TV 目前在业内领先的智能技术,投教频道将进一步完善用户大数据信息库,嫁接动态渲染引擎架构技术,进行“投教内容 + 投资者”的精准触达,改变以人工推荐为主导、以内容模块为核心的传统内容分发模式,通过新媒体策略运营"人工+智能"的组合方式,实现投教内容推荐与频道结构千人千面的个性化推送机制。

(三)企校共建,国民投教

为加强在校学生投资知识教育,帮助学生树立风险防范意识,未来,基地还将发挥芒果品牌在各大校园的口碑号召力,继续深化企校共建,加速将投教纳入国民教育体系的步伐。2021 年,基地已与湖南大学工商管理学院签订共建投教基地协议,统一双方在金融领域的教育和知识资源,协作互补,以教材编写、名师讲座为突破口,在创新投教课程开发、编制案例教材等方面展开深入合作。依托千年学府的文脉基因优势,全面普及证券期货知识,切实提升高校学生理性投资意识和风险防范能力。①

(四)金融联动,同频共振

除高校外,基地还将进一步整合金融机构的行业资源,与券商、银行、各投教基地、机构加强联动,将产品制作延伸至产业链上游,实现联合开发、联合创制、联合举办。2021 年,基地与方正证券、长沙银行在长沙共同举办了"投教 5·20"告白音乐节投教活动,还联合华泰证券、中信建投证券等 30 余家券商,将专家资源引入大咖直播课。未来,基地将与更多的投教基地合作,揭开投资者感兴趣的各种金融工作种类神秘面纱。

作为"掌上"投教平台的首创者,芒果新媒体投教基地将继续依托自身媒体及专业优势,严格贯彻监管部门要求,创新投资者教育工作手段,以实际行动引领投教新风尚,为促进资本市场健康稳定发展贡献力量。

① 吴晓伟:《校企合作模式下高校投资者教育途径研究》,载《科技经济市场》2019 年第 6 期。

征稿启事

中证中小投资者服务中心(以下简称投服中心)是由中国证监会批准设立并直接管理的证券金融类全国性公益机构。《投资者》是投服中心主办、拟向社会公开连续出版的综合性出版物。宗旨是维护投资者权益,为投资者提供保护与服务。

《投资者》以法学领域探究为侧重点,展现国内外投资者权益保护的最新理论与实务动态,内容以境内为主,境外为辅;以实践为主,理论为辅。分为"政策解读""理论探究""公司治理""市场实务""投教园地""案例探析""域外视野"等部分,每辑根据实际情况作适当调整。

《投资者》拟每季度出版1辑,全年出版4辑。

一、征稿范围

涉及法学、经济学及其他领域,与投资者尤其是中小投资者及其权益保护相关的理论和实践性作品。要求未曾公开发表或主体部分未曾公开发表。

二、投稿须知

1. 文章应当论点鲜明、逻辑严谨、可读性强、贴近市场,具有学术深度和实践应用价值,字数在8000~10,000字为宜,特别优秀的理论文章字数不限。

2.《投资者》编委会保留对来稿进行文字性和技术性修改的权利。除作者特别说明外,其文章均为个人观点,与其所在单位、职务无关;不代表投服中心观点,文责由作者自负。

3. 来稿请附上作者的姓名、单位或学校、职称或职务、通信地址、邮编、电话、电子邮箱。

4. 请将Word文件发送至电子邮箱:tzzbjb@isc.com.cn。文章应符合国家著作权规定、学术规范及《投资者》编辑体例要求。

5. 来稿一经录用,编委会将及时通知作者;选用后将根据文章质量及字数从优支付稿酬,并奉送样书。北大法宝法学期刊数据库全文收入本书。

6. 联系人:王昕宸　　电话:021－60290646

地址:上海市浦东新区世纪大道 1701 号钻石大厦 B 座 11 楼中证中小投资者服务中心《投资者》编委会,邮编:200122。

投服中心

《投资者》编委会

2021 年 8 月

编辑体例

一、标题:宋体四号字,加粗,居中。

二、作者:宋体小四号字,居中,并用上标星号(*)作为介绍作者脚注的标志,在脚注中注明作者工作单位、职务、职称。如有两名作者,第二名作者用两枚上标星号(**),以此类推。

三、摘要、关键词:中文摘要200字以内、关键词3~5个。

四、正文:宋体小四号字,首行缩进,行距1.5倍。区分标题和要点,标题层级依次为"一、……""(一)……""1. ……""(1)……"要点层级依次为"1. ……""(1)……""①……"一级标题采用小四号字体加粗;二级标题采用黑体小四号字不加粗;三级标题采用宋体小四号字,不加粗。引用具体法律文件应加书名号,如《证券法》《上市公司重大资产重组管理办法》。法条序号(第×条、第×款、第×项)、时间(世纪、年代、年月日等)、数量金额等用阿拉伯数字,但直接引用原文的从原文。

五、注释:一律采用脚注,全文每页重新编号,注码放标点之后,注码符号为"①②③……"非引用原文者,注释前加"参见";引用资料非原始出处者,注明"转引自";宋体五号字。

常见注释示例如下:

1. 著作类

(独著作品)费孝通:《乡土中国》,人民出版社2015年版,第134~135页。

(合著作品)范健、王建文:《商法的价值、源流及本体》,中国人民大学出版社2007年版,第10页。

(多人合著作品)左卫民等:《中国基层司法财政变迁实证研究(1949—2008)》,北京大学出版社2015年版,第88页。

(编辑作品)何勤华编:《律学考》,商务印书局2004年版,第65~67页。

（中文译著作品）［英］洛克：《政府论》（上篇），瞿菊农、叶启芳译，商务印书局1982年版，第15～16页。

（台港澳作品）王泽鉴：《人格权法》，台北，三民书局2012年版，第15页。

（间接引用文献）参见王泽鉴：《民法学说与判例研究》，北京大学出版社2009年版，第108页。

2. 期刊论文类

（期刊）闫召华：《概率原理在犯罪嫌疑人摸排中的应用》，载《中国人民公安大学学报（社会科学版）》2013年第5期。

（论文集）尹田：《法国合同责任的理论与实践》，载梁慧星主编：《民商法论丛》第3卷，法律出版社1995年版。

（学位论文）雷丽清：《中美内幕交易罪比较研究》，华东政法大学2012年博士学位论文，第12页。

3. 报纸类

陈甦、陈洁：《投服中心持股行权：理念创新与制度集成》，载《上海证券报》2017年1月4日，第7版。

4. 古籍类

《清实录》卷一四六。

5. 辞书类

《牛津法律大词典》，光明日报出版社1988年版，第99页。

6. 网络类

汪波：《哈尔滨市政法机关正对“宝马案”认真调查复查》，载人民网2004年1月10日，http://www.people.com.cn/GB/shehui/1062/2289764.html。

单素华：《证券纠纷特别代表人诉讼相关程序性法律问题分析》，载新华网，http://www.xinhuanet.com/finance/2020-09/04/c_1126452998.htm。

7. 裁判文书

北京市海淀区人民法院民事判决书，（2018）京0108号民初142号。

8. 外文著作类

Richard H. Thaler, *Misbehaving: The Making of Behavioral Economics*, W. W. Norton & Company, 2015, p. 6.

9. 外文期刊类

Forrest Briscoe and Katherine C. Kellogg, *The Initial Assignment Effect*: *Local Employer Practices and Positive Career Outcomes for Work-Family Program Users*, 76 American Sociological Review,292(2011).

10. 外文案例类

Greebel v. FTP software,Inc. ,194 F. 3d 185(1st Cir. ,1999).

11. 外文网站类

Stephen McDonell,*When China Began Streaming Trials Online*,BBC News(Sept. 30,2016),https://www. bbc. com/news/blogs-china-blog – 37515399.